AF452385

L'ESCOLE DES FEMMES.

COMEDIE.

Par I.B.P. MOLIERE.

Suivant la Copie imprimée

A PARIS.

M. DC. LXIII.

A

M A D A M E.

M A D A M E,

Ie ſuis le plus embaraſſé homme du monde, lors qu'il me faut dédier un Livre, &
je me trouve ſi peu fait au ſtyle d'Epiſtre De-
dicatoire, que je ne ſçay par où ſortir de celle-
cy. Vn autre Auteur, qui ſeroit en ma place, trouveroit d'abord cent belles choſes à
dire de VOSTRE ALTESSE ROYALE,
ſur le titre de L'ESCOLE DES FEMMES,
& l'offre qu'il vous en ſeroit. Mais pour
moy, MADAME, je vous avoüe mon
foible. Ie ne ſçay point cét art de trouver des
rapports entre des choſes ſi peu proportionnées;
& quelques belles lumieres, que mes Confre-
res les Auteurs me donnent tous les jours ſur
de pareils ſujets, je ne voy point ce que
VOSTRE ALTESSE ROYALE pourroit

A 2

avoir

avoir à démefler avec la Comedie que je luy prefente. On n'eft pas en peine, fans doute, comment il faut faire pour vous loüer. La matiere, MADAME, ne faute que trop aux yeux, & de quelque cofté qu'on vous regarde, on rencontre Gloire fur Gloire, & qualitez fur qualitez. Vous en avez, MADAME, du cofté du rang, & de la naiffance, qui vous font refpecter de toute la terre. Vous en avez du cofté des Graces, & de l'Efprit, & du Corps, qui vous font admirer de toutes les perfonnes, qui vous voyent. Vous en avez du cofté de l'ame, qui, fi l'on ofe parler ainfi, vous font aymer de tous ceux qui ont l'honneur d'approcher de vous: Ie veux dire cette douceur pleine de Charmes, dont vous daignez temperer la fierté des grands titres que vous portez; cette bonté toute obligeante; cette affabilité genereufe, que vous faites paroiftre pour tout le monde: Et ce font particulierement ces dernieres pour qui je fuis, & dont je fens fort bien que je ne me pourray taire quelque jour. Mais encore une fois,

MA-

MADAME, *je ne sçay point le biais de faire entrer icy des veritez si éclatantes, & ce sont choses, à mon advis, & d'une trop vaste estenduë, & d'un merite trop relevé, pour les vouloir renfermer dans une Epistre, & les mesler avec des bagatelles. Tout bien consideré,* MADAME, *je né voy rien à faire icy pour moy, que de vous dédier simplement ma Comedie, & de vous asseurer avec tout le respect, qu'il m'est possible, que je suis de* VOSTRE ALTESSE ROYALE,*

MADAME,

Le tres humble, tres-obeïssant,
& tres-obligé serviteur,
I. B. MOLIERE.

A 3   PRE-

PREFACE.

BIEN des gens ont frondé d'abord cette Comedie : mais les rieurs ont esté pour elle, & tout le mal qu'on en a pû dire, n'a pû faire qu'elle n'ait eu un succez, dont je me contente. Je sçay qu'on atrend de moy, dans cette impression, quelque Preface, qui responde aux Censeurs, & rende raison de mon Ouvrage ; & sans doute que je suis assez redevable à toutes les personnes, qui luy ont donné leur approbation, pour me croire obligé de deffendre leur jugement contre celuy des autres : mais il se trouve qu'une grande partie des choses, que j'aurois à dire sur ce sujet, est déja dans une Dissertation, que j'ay faite en Dialogue, & dont je ne sçay encore ce que je feray. L'idée de ce Dialogue, ou si l'on veut, de cette petite Comedie, me vint aprés les deux ou trois premieres representations de ma Piece ; Je la dis cette idée dans une maison où je me trouvay un soir, & d'abord une personne de qualité, dont l'esprit est assez connû dans le monde, & qui me fait l'honneur de m'aymer, trouva le projet assez à son gré, non seulement pour me solliciter d'y mettre la main, mais encore pour l'y mettre luy-mesme, & je fus estou-

eſtonné que deux jours aprés il me monſtra
toute l'affaire executée, d'une maniere, à la
verité, beaucoup plus Galante, & plus Spirituelle, que je ne puis faire, mais où je trouvay
des choſes trop advantageuſes pour moy, &
j'eus peur, que ſi je produiſois cét Ouvrage ſur
noſtre Theatre, on ne m'accuſaſt d'abord d'a-
voir mendié les loüanges, qu'on m'y don-
noit. Cependant cela m'empeſcha, par quelque conſideration, d'achever ce que j'avois
commencé; mais tant de gens me preſſent tous
les jours de le faire, que je ne ſçay ce qui en ſera, & cette incertitude eſt cauſe, que je ne
mets point dans cette Preface, ce qu'on verra
dans la Critique, en cas que je me reſolve à la
faire paroiſtre. S'il faut que cela ſoit, je le dis
encore, ce ſera ſeulement pour vanger le pu-
blic du chagrin delicat de certaines gens; car
pour moy je m'en tiens aſſés vangé par la
Reüſſite de ma Comedie, & je ſouhaite que
toutes celles, que je pourray faire, ſoient
traittées par eux, comme celle-cy, pourveu
que le reſte ſuive de meſme.

LES PERSONNAGES.

ARNOLPHE, Autrement Monſieur de la Souche.
AGNES, Jeune Fille innocente elevée par Arnolphe.
HORACE, Amant d'Agnés.
ALAIN, Payſan, valet d'Arnolphe.
GEORGETTE, Payſanne, ſervante d'Arnolphe.
CHRISALDE, Amy d'Arnolphe.
ENRIQUE, Beau frere de Chryſalde.
ORONTE, Pere d'Horace, & grand Amy d'Arnolphe.

La Scene eſt dans une place de Ville.

L'ESCOLE
DES
FEMMES.
COMEDIE.

ACTE I.

SCENE I.

CHRISALDE, ARNOLPHE.

CHRISALDE.

Ous venez, dites-vous, pour luy
donner la main ?

ARNOLPHE.

Ouy, je veux terminer la chose dans
demain.

CHRISALDE.

Nous sommes icy seuls, & l'on peut , ce me semble,
Sans craindre d'estre ouïs, y discourir ensemble.
Voulez-vous qu'en Amy je vous ouvre mon cœur?
Vostre dessein, pour vous, me fait trembler de peur;
Et de quelque façon que vous tourniez l'affaire ,
Prendre Femme, est à vous un coup bien temeraire.

 A R-

ARNOLPHE.

Il est vray, nostre Amy. Peut-estre que chez vous
Vous trouvez des sujets de craindre pour chez nous;
Et vostre front, je croy, veut que du Mariage,
Les Cornes soient par tout l'infaillible apanage.

CHRISALDE.

Ce sont coups du Hazard, dont on n'est point ga-
    rand ;
Et bien sot, ce me semble, est le soin qu'on en prend.
Mais quand je crains pour vous, c'est cette raillerie
Dont cent pauvres Maris ont souffert la furie :
Car enfin vous sçavez, qu'il n'est grands, ny petits,
Que de vostre critique on ait veus garantis;
Car vos plus grands plaisirs sont, par tout où vous
    estes,
De faire cent esclats des intrigues secrettes...

ARNOLPHE.

Fort bien : est-il au monde une autre Ville aussi,
Où l'on ait des Maris si patients qu'icy ?
Est-ce qu'on n'en voit pas de toutes les especes,
Qui sont accommodez chez eux de toutes pieces ?
L'un amasse du bien, dont sa Femme fait part
A ceux qui prennent soin de le faire Cornard.
L'autre un peu plus heureux, mais non pas moins
    infame,
Voit faire tous les jours des presens à sa Femme,
Et d'aucun soin jaloux n'a l'esprit combattu,
Parce qu'elle luy dit que c'est pour sa vertu.
L'un fait beaucoup de bruit, qui ne lui sert de gueres;
L'autre, en toute douceur, laisse aller les affaires,
Et voyant arriver chez luy le Damoiseau,
Prend fort honnestement ses gands & son manteau.
L'une de son Galant, en adroite Femelle,
Fait fausse confidence à son Espoux fidelle,
Qui dort en seureté sur un pareil appas,
Et le plaint, ce Galant, des soins qu'il ne perd pas.
L'autre, pour se purger de sa magnificence,

                                    Dit

Dit qu'elle gagne au jeu l'argent qu'elle dépense ;
Et le Mary beneſt , ſans ſonger à quel jeu ,
Sur les gains qu'elle fait , rend des graces à Dieu.
Enfin ce ſont par tout des ſujets de Satyre ,
Et comme Spectateur , ne puis-je pas en rire ?
Puis-je pas de nos Sots...
C H R I S A L D E.
                    Ouy : mais qui rit d'autruy ,
Doit craindre qu'en revanche , on rie auſſi de luy.
J'entends parler le monde ,   & des gens ſe delaſſent
A venir debiter les choſes qui ſe paſient :
Mais quoy que l'on divulgue aux endroits où je ſuis ,
Jamais on ne m'a veu triompher de ces bruits ;
J'y ſuis aſſez modeſte ; & bien qu'aux occurrences
Je puiſſe condamner certaines tolerances ;
Que mon deſſein ne ſoit de ſouffrir nullement ,
Ce que d'aucuns Maris ſouffrent paiſiblement ,
Pourtant je n'ay jamais affecté de le dire ;
Car enfin il faut craindre un revers de Satyre ,
Et l'on ne doit jamais jurer , ſur de tels cas ,
De ce qu'on pourra faire , ou bien ne faire pas.
Ainſi quand à mon front , par un ſort qui tout meine ,
Il ſeroit arrivé quelque diſgrace humaine ,
Apres mon procedé , je ſuis preſque certain
Qu'on ſe contentera de s'en rire ſous-main ;
Et peut-eſtre qu'encor j'auray cet avantage ,
Que quelques bonnes gens diront , que c'eſt dom-
          mage.
Mais de vous , cher Compere , il en eſt autrement ,
Je vous le dis encor , vous riſquez diablement.
Comme ſur les Maris accuſez de ſouffrance ,
De tout temps voſtre langue a daubé d'importance ,
Qu'on vous a veu contr'eux un Diable dechainé ;
Vous devez marcher droit pour n'eſtre point berné ;
Et s'il faut que ſur vous on ait la moindre priſe ,
Gare qu'aux Carrefours on ne vous tympaniſe ,
Et....

A 6

ARNOLPHE.

Mon Dieu, noftre Amy, ne vous tourmentez
    point;
Bien hupé qui pourra m'attraper fur ce point.
Je fçay les tours rufez, & les fubtiles trames,
Dont, pour nous en planter, fçavent ufer les Fem-
    mes,
Et comme on eft dupé par leurs dexteritez:
Contre cet accident j'ay pris mes feuretez,
Et celle que j'époufe, a toute l'innocence
Qui peut fauver mon front de maligne influence.

CHRISALDE.

Et que pretendez-vous qu'une Sotte en un mot...

ARNOLPHE.

Epoufer une Sotte, eft pour n'eftre point Sot:
Je crois, en bon Chreftien, voftre moitié fort fage;
Mais une Femme habile eft un mauvais préfage,
Et je fçay ce qu'il coufte à de certaines gens,
Pour avoir pris les leurs avec trop de talens.
Moy j'irois me charger d'une Spirituelle,
Qui ne parleroit rien que Cercle, & que Ruelle?
Qui de Profe, & de Vers, feroit de doux écrits,
Et que vifiteroient Marquis, & beaux Efprits,
Tandis que, fous le nom du Mary de Madame,
Je ferois comme un Saint, que pas-un ne reclame?
Non, non, je ne veux point d'un Efprit qui foit haut,
Et Femme qui compofe, en fçait plus qu'il ne faut.
Je pretens que la mienne, en clartez peu fublime,
Mefme ne fçache pas ce que c'eft qu'une Rime;
Et s'il faut qu'avec elle on jouë au Corbillon,
Et qu'on vienne à luy dire, à fon tour, qu'y met-on?
Je veux qu'elle réponde, une tarte à la créme;
En un mot, qu'elle foit d'une ignorance extréme;
Et c'eft affez pour elle, à vous en bien parler,
De fçavoir prier Dieu, m'aimer, coudre, & filer.

CHRISALDE.

Une Femme ftupide eft donc voftre Marotte?

A R-

ARNOLPHE.

Tant, que j'aimerois mieux une laide, bien sotte,
Qu'une Femme fort belle, avec beaucoup d'esprit.

CHRISALDE.

L'esprit, & la beauté...

ARNOLPHE.

L'honnesteté suffit.

CHRISALDE.

Mais comment voulez vous, apres tout, qu'une
    beste
Puisse jamais sçavoir ce que c'est qu'estre honneste ?
Outre qu'il est assez ennuyeux, que je croy,
D'avoir toute sa vie une beste avec soy,
Pensez-vous le bien prendre, & que sur vostre idée
La seureté d'un front puisse estre bien fondée ?
Une femme d'esprit peut trahir son devoir ;
Mais il faut, pour le moins, qu'elle ose le vouloir ;
Et la stupide au sien peut manquer d'ordinaire,
Sans en avoir l'envie, & sans penser le faire.

ARNOLPHE.

A ce bel argument, à ce discours profond,
Ce que Pantagruel à Panurge répond.
Pressez-moy de me joindre à Femme autre que
    sotte ;
Preschez, patrocinez jusqu'à la Pentecoste,
Vous serez ébahy, quand vous serez au bout,
Que vous ne m'aurez rien persuadé du tout.

CHRISALDE.

Je ne vous dis plus mot.

ARNOLPHE.

Chacun a sa methode.
En Femme, comme en tout, je veux suivre ma mode ;
Je me voy riche assez, pour pouvoir, que je croy,
Choisir une moitié, qui tienne tout de moy,
Et de qui la soûmise & pleine dependance,
N'ait à me reprocher aucun bien, ny naissance.
Un air doux, & posé, parmy d'autres enfans,

                    M'in

M'inspira de l'amour pour elle, des quatre ans :
Sa Mere se trouvant de pauvreté pressée,
De la luy demander il me vint la pensée,
Et la bonne Paysanne, apprenant mon desir,
A s'oster cette charge eut beaucoup de plaisir.
Dans un petit Couvent, loin de toute pratique,
Je la fis élever, selon ma politique,
C'est à dire ordonnant quels soins on employroit,
Pour la rendre idiote autant qu'il se pourroit.
Dieu mercy, le succés a suivy mon attente,
Et grande, je l'ay veuë à tel point innocente,
Que j'ay beny le Ciel d'avoir trouvé mon fait,
Pour me faire une Femme au gré de mon souhait.
Je l'ay donc retirée ; & comme ma demeure
A cent sortes de monde est ouverte à toute heure,
Je l'ay mise à l'écart, comme il faut tout prevoir,
Dans cette autre Maison, où nul ne me vient voir ;
Et pour ne point gaster sa bonté naturelle,
Je n'y tiens que des gens tout aussi simples qu'elle.
Vous me direz pourquoy cette narration ?
C'est pour vous rendre instruit de ma precaution.
Le resultat de tout, est qu'en Amy fidelle,
Ce soir, je vous invite à souper avec elle :
Je veux que vous puissiez un peu l'examiner,
Et voir, si de mon choix on me doit condamner.

CHRISALDE.

J'y consens.

ARNOLPHE.

Vous pourrez, dans cette conference,
Juger de sa personne, & de son innocence.

CHRISALDE.

Pour cet article là, ce que vous m'avez dit,
Ne peut....

ARNOLPHE.

La verité passe encor mon recit.
Dans ses simplicitez à tous coups je l'admire,
Et par fois elle en dit, dont je pâme de rire.

L'autre

L'autre jour (pourroit-on fe le perfuader)
Elle eftoit fort en peine , & me vint demander ,
Avec une innocence à nulle autre pareille ,
Si les enfans qu'on fait , fe faifoient par l'oreille.

CHRISALDE.

Je me réjouïs fort , Seigneur Arnolphe....

ARNOLPHE.

                                    Bon ;
Me voulez-vous toûjours appeller de ce nom ?

CHRISALDE.

Ah ! malgré que j'en aye , il me vient à la bouche ,
Et jamais je ne fonge à Monfieur de la Souche.
Qui diable vous a fait auffi vous avifer ,
A quarante & deux ans , de vous debaptifer ?
Et d'un vieux tronc pourry de voftre Metairie ,
Vous faire dans le monde un nom de Seigneurie ?

ARNOLPHE.

Outre que la Maifon par ce nom fe connaift ,
La Souche plus qu'Arnolphe , à mes oreilles plaift.

CHRISALDE.

Quel abus , de quitter le vray nom de fes Peres ,
Pour en vouloir prendre un bafty fur des chimeres ?
De la plufpart des gens c'eft la demangeaifon ;
Et fans vous embraffer dans la comparaifon ,
Je fçais un Païfan , qu'on appelloit gros Pierre ,
Qui n'aiant , pour tout bien , qu'un feul quartier
     de terre ,
Y fit tout à l'entour faire un foffé bourbeux ,
Et de Monfieur de l'Ifle en prit le nom pompeux.

ARNOLPHE.

Vous pourriez vous paffer d'exemples de la forte :
Mais enfin de la Souche eft le nom que je porte ;
J'y vois de la raifon , j'y trouve des appas ,
Et m'appeller de l'autre , eft ne m'obliger pas.

CHRISALDE.

Cependant la plufpart ont peine à s'y foûmettre ,
Et je vois mefme encor des adreffes de lettre....

                                    A R-

ARNOLPHE.

Je le souffre aisément de qui n'est pas instruit :
Mais vous....

CHRISALDE.

Soit. Là-dessus nous n'aurons point de bruit,
Et je prendray le soin d'accoustumer ma bouche
A ne plus vous nommer que Monsieur de la Sou-
che.

ARNOLPHE.

Adieu : Je frape icy, pour donner le bon jour,
Et dire seulement, que je suis de retour.

CHRISALDE *s'en allant.*

Ma foy je le tiens fou de toutes les manieres.

ARNOLPHE.

Il est un peu blessé sur certaines matieres.
Chose étrange de voir, comme avec passion,
Un chacun est chaussé de son opinion !
Hola.

SCENE II.

ALAIN, GEORGETTE, ARNOLPHE.

ALAIN.

Qui heurte ?

ARNOLPHE.

Ouvrez. On aura, que je pense,
Grande joye à me voir, apres dix jours d'absence.

ALAIN.

Qui va là ?

ARNOLPHE.

Moy.

ALAIN.

Georgette ?

GEORGETTE.

Hé bien ?

ALAIN.

ALAIN.
                              Ouvre là bas.
GEORGETTE.
Vas-y toy.

ALAIN.
Vas-y toy.
GEORGETTE.
                    Ma foy je n'iray pas.
ALAIN.
Je n'iray pas aussi.
ARNOLPHE.
                    Belle ceremonie,
Pour me laisser dehors. Hola ho je vous prie.
GEORGETTE.
Qui frape ?

ARNOLPHE.
Voftre Maiftre.
GEORGETTE.
              Alain ?
ALAIN.
                    Quoy ?
GEORGETTE.
                    C'eft Monfieur,
Ouvre vifte.

ALAIN.
Ouvre, toy.
GEORGETTE.
                    Je fouffle noftre feu.
ALAIN.
J'empefche, peur du chat, que mon Moineau ne
    forte.
ARNOLPHE.
Quiconque de vous deux n'ouvrira pas la porte,
N'aura point à manger de plus de quatre jours.
Ha.
GEORGETTE.
Par quelle raifon y venir quand j'y cours.
                              ALAIN.

ALAIN.

Pourquoy plutost que moy ? le plaisant strodagéme!

GEORGETTE.

Oste-toy donc de là.

ALAIN.

Non , oste-toy , toy-méme.

GEORGETTE.

Je veux ouvrir la porte.

ALAIN.

Et je veux l'ouvrir, moy.

GEORGETTE.

Tu ne l'ouvriras pas.

ALAIN.

Ny toy non plus.

GEORGETTE.

Ny toy.

ARNOLPHE.

Il faut que j'aye icy l'ame bien patiente.

ALAIN.

Au moins c'est moy , Monsieur.

GEORGETTE.

Je suis vostre Servante ,

C'est moy.

ALAIN.

Sans le respect de Monsieur que voila ,

Je te....

ARNOLPHE *recevant un coup d'Alain.*

Peste.

ALAIN.

Pardon.

ARNOLPHE.

Voyez ce lourdaut là.

ALAIN.

C'est elle aussi , Monsieur....

ARNOLPHE.

Que tous deux on se taise.

Songez à me répondre, & laissons la fadaise.

Hé

Hé bien , Alain , comment fe porte-t-on icy ?

ALAIN.

Monfieur, nous nous... Monfieur, nous nous por...
    Dieu mercy ;
Nous nous...

Arnolphe ofte par trois fois ie chapeau
de deffus la tefte d'Alain.

ARNOLPHE.

Qui vous aprend , impertinente befte ,
A parler devant moy , le chapeau fur la tefte ?

ALAIN.

Vous faites bien , j'ay tort.

ARNOLPHE *à Alain.*
            Faites defcendre Agnés.
à Georg. Lors que je m'en allay , fut-elle trifte aprés?

GEORGETTE.

Trifte ! Non.

ARNOLPHE.
Non !
GEORGETTE.
    Si-fait.

ARNOLPHE.
    Pourquoy donc?...

GEORGETTE.
                    Ouy , je meure ,
Elle vous croyoit voir de retour à toute heure;
Et nous n'oyïons jamais paffer devant chez nous,
Cheval, Afne, ou Mulet, qu'elle ne prift pour vous.

S C E N E   III.

AGNES, ALAIN, GEORGETTE,
ARNOLPHE.

ARNOLPHE.
L A befogne à la main , c'eft un bon témoignage.
  Hé bien , Agnés , je fuis de retour du voyage,
                                En

En estes-vous bien aise?
AGNES.
Ouy, Monsieur, Dieu mercy.
ARNOLPHE.
Et moy de vous revoir, je suis bien aise aussi :
Vous vous estes toûjours,come on voit,bien portée?
AGNES.
Hors les puces, qui m'ont la nuit inquietée.
ARNOLPHE.
A ! vous aurez dans peu quelqu'un pour les chasser.
AGNES.
Vous me ferez plaisir.
ARNOLPHE.
Je le puis bien penser.
Que faites-vous donc là ?
AGNES.
Je me fais des Cornettes,
Vos chemises de nuit, & vos coiffes sont faites.
ARNOLPHE.
Ha ! voila qui va bien ; allez, montez là-haut,
Ne vous ennuyez point, je reviendray tantost,
Et je vous parleray d'affaires importantes.
Tous estans rentrez.
Heroïnes du temps, Mesdames les Sçavantes,
Pousseuses de tendresse & de beaux sentimens,
Je defie à la fois tous vos Vers, vos Romans,
Vos Lettres, Billets doux, toute vostre Science,
De valoir cette honneste & pudique ignorance.

SCENE IV.

HORACE, ARNOLPHE.

ARNOLPHE.
CE n'est point par le bien qu'il faut estre ébloui ;
Et pourveu que l'honneur soit... Que vois-je ?
Est-ce ? Ouy.

Je

Je me trompe. Nenny. Si fait. Non, c'eſt luy-même.
Hor....

HORACE.

Seigneur Ar....

ARNOLPHE.

Horace.

HORACE.

Arnolphe.

ARNOLPHE.

Ah ! joye extréme !
Et depuis quand icy ?

HORACE.

Depuis neuf jours.

ARNOLPHE.

Vrayment.

HORACE.

Je fus d'abord chez vous, mais inutilement.

ARNOLPHE.

J'eſtois à la campagne.

HORACE.

Ouy, depuis deux journées.

ARNOLPHE.

O comme les enfans croiſſent en peu d'années !
J'admire de le voir au poinct où le voila,
Apres que je l'ay veu pas plus grand que cela.

HORACE.

Vous voyez.

ARNOLPHE.

Mais, de grace, Oronte voſtre Pere,
Mon bon & cher Amy, que j'eſtime & revere,
Que fait-il ? que dit-il ? eſt-il toûjours gaillard ?
A tout ce qui le touche, il ſçait que je prens part.
Nous ne nous ſommes veus depuis quatre ans en-
ſemble.

HORACE.

Ny, qui plus eſt, écrit l'un a l'autre, me ſemble.
Il eſt, Seigneur Arnolphe, encor plus gay que nous,

Et

Et j'avois de ſa part une Lettre pour vous ;
Mais depuis par une autre il m'apprend ſa venuë,
Et la raiſon encor ne m'en eſt pas connuë.
Sçavez-vous qui peut eſtre un de vos Citoyens,
Qui retourne en ces lieux avec beaucoup de biens,
Qu'il s'eſt en quatorze ans acquis dans l'Amerique?

A R N O L P H E.

Non : Vous a-t-on point dit comme on le nomme?

H O R A C E.

Enrique.

A R N O L P H E.

Non.

H O R A C E.

Mon Pere m'en parle, & qu'il eſt revenu,
Comme s'il devoit m'eſtre entierement connu,
Et m'écrit qu'en chemin enſemble ils ſe vont met-
tre,
Pour un fait important que ne dit point ſa Lettre.

A R N O L P H E.

J'auray certainement grande joye à le voir,
Et pour le regaler, je feray mon pouvoir.

Apres avoir leu la Lettre.

Il faut, pour des Amis, des Lettres moins civiles,
Et tous ces complimens ſont choſes inutiles ;
Sans qu'il priſt le ſoucy de m'en écrire rien,
Vous pouvez librement diſpoſer de mon bien.

H O R A C E.

Je ſuis Homme à ſaiſir les gens par leurs paroles,
Et j'ay preſentement beſoin de cent piſtoles.

A R N O L P H E.

Ma foy, c'eſt m'obliger, que d'en uſer ainſi,
Et je me réjouïs de les avoir icy.
Gardez auſſi la bourſe.

H O R A C E.

Il faut....

A R N O L P H E.

Laiſſons ce ſtile.

Hé

Hé bien, comment encor trouvez-vous cette Ville ?

HORACE.

Nombreuse en Citoyens, superbe en baftimens,
Et j'en croy merveilleux les divertiſſemens.

ARNOLPHE.

Chacun a ſes plaifirs, qu'il ſe fait à ſa guiſe :
Mais pour ceux que du nom de Galans on baptiſe,
Ils ont en ce Païs dequoy ſe contenter,
Car les Femmes y font faites à coquetter.
On trouve d'humeur douce & la brune, & la blõde,
Et les Maris auſſi les plus benins du monde :
C'eſt un plaifir de Prince, & des tours que je voy,
Je me donne ſouvent la Comedie à moy.
Peut-eſtre en avez-vous déja feru quelqu'une :
Vous eſt-il point encor arrivé de fortune ?
Les gens faits comme vous, font plus que les écus,
Et vous eſtes de taille à faire des Cocus.

HORACE.

A ne vous rien cacher de la verité pure,
J'ay d'amour en ces lieux eu certaine avanture,
Et l'amitié m'oblige à vous en faire part.

ARNOLPHE.

Bon, voicy de nouveau quelque conte gaillard,
Et ce ſera dequoy mettre ſur mes tablettes.

HORACE.

Mais, de grace, qu'au moins ces choſes ſoient ſe-
crettes.

ARNOLPHE.

Oh.

HORACE.

Vous n'ignorez pas qu'en ces occaſions
Un ſecret éventé rompt nos pretentions.
Je vous avoûray donc avec pleine franchiſe,
Qu'icy d'une Beauté mon ame s'eſt épriſe :
Mes petits ſoins d'abord ont eu tant de ſuccés,
Que je me ſuis chez elle ouvert un doux accés ;
Et ſans trop me vanter, ny luy faire une injure,

Mes

Mes affaires y sont en fort bonne posture.

ARNOLPHE riant.

Et c'est ?

HORACE luy montrant le logis d'Agnés.

Un jeune objet qui loge en ce logis,
Dont vous voyez d'icy que les murs sont rougis,
Simple à la verité, par l'erreur sans seconde
D'un homme qui la cache au commerce du monde.
Mais qui dans l'ignorance où l'on veut l'asservir,
Fait briller des attraits capables de ravir,
Un air tout engageant, je ne sçay quoy de tendre,
Dont il n'est point de cœur qui se puisse defendre :
Mais, peut-estre, il n'est pas que vous n'ayez bien veu
Ce jeune Astre d'amour de tant d'attraits pourveu :
C'est Agnés qu'on l'appelle.

ARNOLPHE à part.

Ah ! je creve.

HORACE.

Pour l'Homme,
C'est, je croy, de la Zousse, ou Souche, qu'on le
nomme,
Je ne me suis pas fort arresté sur le nom ;
Riche, à ce qu'on m'a dit, mais des plus sensez, non,
Et l'on m'en a parlé comme d'un Ridicule.
Le connoissez vous point ?

ARNOLPHE à part.

La fâcheuse pilule !

HORACE.

Eh ! vous ne dites mot.

ARNOLPHE.

Eh ouy, je le connoy.

HORACE.

C'est un fou, n'est-ce pas ?

ARNOLPHE.

Eh....

HORACE.

Qu'en dites-vous ? quoy ?
Eh ?

Eh ? c'eſt à dire ouy. Jaloux à faire rire.
 Sot ? je voy qu'il en eſt ce que l'on m'a pû dire,
 Enfin l'aimable Agnés a ſceu m'aſſujettir ,
 C'eſt un joly bijou , pour ne vous point mentir,
 Et ce ſeroit peché qu'une beauté ſi rare
 Fut laiſſée au pouvoir de cet Homme bizarre.
 Pour moy , tous mes efforts , tous mes vœux les
          plus doux ,
 Vont à m'en rendre maiſtre en dépit du jaloux;
 Et l'argent que de vous j'emprunte avec franchiſe,
 N'eſt que pour mettre à bout cette juſte entrepriſe.
 Vous ſçavez mieux que moy quels que ſoient nos
          efforts,
 Que l'argent eſt la clef de tous les grands reſſorts,
 Et que ce doux metal qui frape tant de teſtes,
 En amour, comme en guerre, avance les conqueſtes.
 Vous me ſemblez chagrin ; ſeroit-ce qu'en effet
 Vous deſaprouveriez le deſſein que j'ay fait ?
          A R N O L P H E.
 Non , c'eſt que je ſongeois....
          H O R A C E.
                    Cet entretien vous laſſe ;
 Adieu, j'iráy chez vous tantoſt vous rendre grace.
          A R N O L P H E.
 Ah ! faut-il...
          H O R A C E *revenant.*
          Derechef, veuillez eſtre diſcret ,
 Et n'allez pas , de grace , éventer mon ſecret.
          A R N O L P H E.
 Que je ſens dans mon ame....
          H O R A C E *revenant.*
                    Et ſur tout à mon Pere,
 Qui s'en feroit peut-eſtre un ſujet de colere.
          A R N O L P H E *croyant qu'il revient encore.*
 Oh... Oh que j'ay ſouffert durant cet entretien !
 Jamais trouble d'eſprit ne fut égal au mien.
 Avec quelle imprudence, & quelle haſte extréme,
                    B   Il

Il m'eft venu conter cette affaire à moy-méme !
Bien que mon autre nom le tienne dans l'erreur,
Etourdy, montra-t-il jamais tant de fureur ?
Mais ayant tant fouffert, je devois me contraindre,
Jufques à m'éclaircir de ce que je dois craindre,
A pouffer jufqu'au bout fon caquet indifcret,
Et fçavoir pleinement leur commerce fecret.
Tâchons à le rejoindre, il n'eft pas loin je penfe,
Tirons en de ce fait l'entiere confidence;
Je tremble du malheur qui m'en peut arriver,
Et l'on cherche fouvent plus qu'on ne veut trouver.

Fin du Premier Acte.

ACTE II.

SCENE I.

ARNOLPHE.

L m'eft, lors que j'y penfe, avantageux
  fans doute,
D'avoir perdu mes pas, & pû manquer
  fa route :
Car enfin, de mon cœur le trouble im-
  perieux,
N'euft pû fe renfermer tout entier à fes yeux,
Il euft fait éclater l'ennuy qui me devore,
Et je ne voudrois pas qu'il fceût ce qu'il ignore.
Mais je ne fuis pas Homme à gober le morceau,
Et laiffer un champ libre aux vœux du Damoifeau,
J'en veux rompre le cours, & fans tarder, apprendre
Jufqu'où l'intelligence entr'eux a pû s'étendre :
J'y prens, pour mon honneur, un notable intereft,
Je la regarde en Femme, aux termes qu'elle en eft,

Elle

Elle n'a pû faillir , sans me couvrir de honte ,
Et tout ce qu'elle a fait , enfin est sur mon compte.
Eloignement fatal ! Voyage malheureux !

Frapant à la porte.

S C E N E II.

A L A I N, G E O R G E T T E, A R N O L P H E.

A L A I N.

AH ! Monsieur, cette fois...

A R N O L P H E.

Paix. Venez-çà tous deux :
Passez-là, passez-là. Venez-là, venez dis-je.

G E O R G E T T E.

Ah! vous me faites peur, & tout mon sang se fige.

A R N O L P H E.

C'est donc ainsi , qu'absent , vous m'avez obeï ,
Et tous deux, de concert, vous m'avez donc trahy ?

G E O R G E T T E.

Eh ne me mangez pas, Monsieur, je vous conjure.

A L A I N *à part.*

Quelque Chien enragé l'a mordu , je m'assure.

A R N O L P H E.

Ouf. Je ne puis parler , tant je suis prévenu ,
Je suffoque , & voudrois me pouvoir mettre nû.
Vous avez donc souffert , ô canaille maudite ,
Qu'un Homme soit venu.... Tu veux prendre la
    fuite ?
Il faut que sur le champ.... Si tu bouges.... Je veux
Que vous me disiez... Euh ? Ouy , je veux que tous
    deux...
Quiconque remûra, par la mort, je l'assomme.
Comme est-ce que chez moy s'est introduit cet
    Homme ?
Eh? parlez, dépeschez, viste, promptement, tost ,

Sans refver , veut-on dire ?
ALAIN & GEORGETTE.
Ah , Ah.
GEORGETTE.
Le cœur me faut.
ALAIN.
Je meurs.
ARNOLPHE.
Je fuis en eau, prenons un peu d'haleine,
Il faut que je m'évente , & que je me promeine.
Aurois-je deviné , quand je l'ay veu petit ,
Qu'il croiftroit pour cela ? Ciel ! que mon cœur pâ-
tit !
Je penfe qu'il vaut mieux que de fa propre bouche
Je tire avec douceur l'affaire qui me touche :
Tâchons à moderer noftre reffentiment.
Patience , mon cœur , doucement, doucement ,
Levez-vous , & rentrant , faites qu'Agnés defcende.
Arreftez. Sa furprife en deviendroit moins grande,
Du chagrin qui me trouble , ils iroient l'avertir;
Et moy-mérne je veux l'aller faire fortir.
Que l'on m'attende icy.

SCENE III.

ALAIN, GEORGETTE.

GEORGETTE.
MOn Dieu, qu'il eft terrible !
Ses regards m'ont fait peur, mais une peur horrible,
Et jamais je ne vis un plus hideux Chreftien.
ALAIN.
Ce Monfieur l'a fâché , je te le difois bien.
GEORGETTE.
Mais que diantre eft-ce là , qu'avec tant de rudeffe
Il nous fait au logis garder noftre Maiftreffe ?

D'où

AGNES.

Fort belle.

ARNOLPHE.

Le beau jour!

AGNES.

Fort beau !

ARNOLPHE.

Quelle nouvelle?

AGNES.

Le petit chat est mort.

ARNOLPHE.

C'est dommage: mais quoy
Nous sommes tous mortels, & chacun est pour soy.
Lors que j'estois aux champs n'a-t-il point fait de
pluye ?

AGNES.

Non.

ARNOLPHE.

Vous ennuyoit-il?

AGNES.

Jamais je ne m'ennuye.

ARNOLPHE.

Qu'avez vous fait encor ces neuf ou dix jours-ci ?

AGNES.

Six chemises, je pense, & six coiffes aussi.

ARNOLPHE *ayant un peu resué.*

Le monde, chere Agnes, est une estrange chose.
Voyez la médisance, & comme chacun cause.
Quelques voisins m'ont dit: qu'un jeune homme
inconnu,
Estoit en mon absence à la maison venu ;
Que vous aviez souffert sa veuë & ses harangues.
Mais je n'ay point pris foy sur ces méchantes lan-
gues ;
Et j'ay voulu gager que c'estoit faussement....

AGNES.

Mon Dieu, ne gagez pas, vous perdriez vrayment.

ARNOLPHE.

Quoy ? c'eſt la verité qu'un homme…

AGNES.

Choſe ſure,
Il n'a preſque bougé de chez nous , je vous jure.

ARNOLPHE *à part.*

Cet adveu qu'elle fait avec ſincerité ,
Me marque pour le moins ſon ingenuité.
Mais il me ſemble, Agnés, ſi ma memoire eſt bonne,
Que j'avois defendu que vous viſſiez perſonne.

AGNES.

Ouy: mais quand je l'ay veu, vous ignorés pourquoy,
Et vous en auriez fait, ſans doute, autant que moy,

ARNOLPHE.

Peut-eſtre : mais enfin , contez-moy cette hiſtoire.

AGNES.

Elle eſt fort eſtonnante & difficile à croire.
J'eſtois ſur le Balcon à travailler au frais :
Lors que je vis paſſer ſous les arbres d'auprés
Un jeune homme bien fait, qui rencontrant ma
          veuë ,
D'une humble reverence auſſi-toſt me ſaluë.
Moy , pour ne point manquer à la civilité ,
Je fis la reverence auſſi de mon coſté.
Soudain , il me refait une autre reverence.
Moy , j'en refais de meſme une autre en diligence ;
Et luy d'une troiſieſme auſſitoſt repartant ,
D'une troiſieſme auſſi j'y repars à l'inſtant.
Il paſſe , vient , repaſſe , & toujours de plus belle
Me fait à chaque fois reverence nouvelle.
Et moy , qui tous ces tours fixement regardois ,
Nouvelle reverence auſſi je luy rendois.
Tant, que ſi ſur ce point la nuit ne fut venuë ,
Toujours comme cela je me ſerois tenuë.
Ne voulant point ceder & recevoir l'ennuy ,
Qu'il me puſt eſtimer moins civile que luy.

AR-

ARNOLPHE.

Fort bien.

       AGNES.

Le lendemain eſtant ſur noſtre porte,
Une vieille m'aborde en parlant de la ſorte.
Mon enfant, le bon Dieu puiſſe-t-il vous benir,
Et dans tous vos attraits long-temps vous main-
    tenir.
Il ne vous a pas faite une belle perſonne,
Afin de mal uſer des choſes qu'il vous donne.
Et vous devez ſçavoir que vous avez bleſſé
Un cœur, qui de s'en plaindre eſt aujourduy forcé.

     ARNOLPHE *à part.*

Ah ! ſupoſt de Satan, execrable damnée.

      AGNES.

Moy, j'ay bleſſé quelqu'un? fis-je toute eſtonnée.
Ouy, dit-elle, bleſſé, mais bleſſé tout de bon ;
Et c'eſt l'homme qu'hier vous viſtes du Balcon.
Helas ! qui pourroit, dis-je, en avoir eſté cauſe ?
Sur luy ſans y penſer, fis-je choir quelque choſe ?
Non, dit-elle, vos yeux ont fait ce coup fatal,
Et c'eſt de leurs regards qu'eſt venu tout ſon mal.
Hé, mon Dieu ! ma ſurpriſe eſt, fisje, ſans ſeconde.
Mes yeux ont-ils du mal pour en donner au monde?
Ouy, fit-elle, vos yeux, pour cauſer le trepas,
Ma fille, ont un venin que vous ne ſçavez pas.
En un mot, il languit le pauvre miſerable.
Et s'il faut, pourſuivit la vieille charitable,
Que voſtre cruauté luy refuſe un ſecours,
C'eſt un homme à porter en terre dans deux jours.
Mon Dieu ! j'en aurois, dy-je, une douleur bien
    grande.
Mais pour le ſecourir, qu'eſt-ce qu'il me demande?
Mon enfant, me dit-elle, il ne veut obtenir,
Que le bien de vous voir & vous entretenir.
Vos yeux peuvent eux ſeuls empeſcher ſa ruïne,
Et du mal qu'ils ont fait eſtre la medecine.

Helas! volontiers, dis-je, & puisqu'il est ainsi,
Il peut tant qu'il voudra me venir voir icy.

ARNOLPHE *à part.*

Ah sorciere maudite, empoisonneuse d'ames,
Puisse l'Enfer payer tes charitables trames.

AGNES.

Voila comme il me vit & receut guerison.
Vous-mesme, à vostre advis, n'ay-je pas eu raison?
Et pouvois-je apres tout avoir la conscience
De le laisser mourir faute d'une assistance?
Moy qui compâtis tant aux gens qu'on fait souffrir,
Et ne puis sans pleurer voir un poulet mourir.

ARNOLPHE *bas.*

Tout cela n'est party que d'une ame innocente:
Et j'en dois accuser mon absence imprudente,
Qui sans guide a laissé cette bonté de mœurs
Exposée aux aguets des rusez seducteurs.
Je crains que le pendart, dans ses vœux temeraires,
Un peu plus fort que jeu n'ait poussé les affaires.

AGNES.

Qu'avez-vous? vous grondez, ce me semble, un petit.
Est-ce que c'est mal fait ce que je vous ay dit?

ARNOLPHE.

Non. Mais de cette veuë apprenez-moy les suites,
Et comme le jeune homme a passé ses visites.

AGNES.

Helas! si vous sçaviez, comme il estoit ravy.
Comme il perdit son mal, si tost que je le vy;
Le present qu'il m'a fait d'une belle cassette,
Et l'argent qu'en ont eu nostre Alain & Georgette,
Vous l'aymeriez sans doute, & diriez comme nous.

ARNOLPHE.

Ouy; mais que faisoit-il estant seul avec vous?

AGNES.

Il juroit, qu'il m'aimoit d'une amour sans seconde:
Et me disoit des mots les plus gentils du monde:
Des choses que jamais rien ne peut égaler.

Et

Et dont, toutes les fois que je l'entends parler,
La douceur me chatouille, & là dedans remuë
Certain je ne sçay quoy, dont je suis toute emeuë.

         A R N O L P H E *à part.*
O fâcheux examen d'un mystere fatal,
Où l'examinateur souffre seul tout le mal !
* Outre tous ces discours, toutes ces gentillesses,
Ne vous faisoit il point aussi quelques caresses ?

              A G N E S.
Oh tant; il me prenoit & les mains & les bras,
Et de me les baiser il n'estoit jamais las.

            A R N O L P H E.
* * Ne vous a-t-il point pris, Agnés, quelqu'autre
       chose ?
Ouf.

              A G N E S.
      Hé, il m'a....

            A R N O L P H E.
      Quoy ?
              A G N E S.
            Pris....

            A R N O L P H E.
                  Euh ?
              A G N E S.
                  Le....

            A R N O L P H E.
                  Plaist-il ?
              A G N E S.
                        Je n'ose,
Et vous vous fascherez peut-estre contre moy.

            A R N O L P H E.
Non.

              A G N E S.
      Si fait.

            A R N O L P H E.
      Mon-Dieu ! non.
                  B 6   A-

* à Agnés.   ** la voyant interdite.

AGNES.

Jurez donc voſtre foy.

ARNOLPHE.

Ma foy, ſoit.

AGNES.

Il m'a pris.... vous ſerez en colere;

ARNOLPHE.

Non.

AGNES.

Si.

ARNOLPHE.

Non, non, non, non. Diantre! que de myſtere?
Qu'eſt-ce qu'il vous a pris?

AGNES.

Il...

ARNOLPHE à part.

Je ſouffre en damné

AGNES.

Il m'a pris le ruban que vous m'aviez donné.
A vous dire le vray, je n'ay pû m'en deffendre.

ARNOLPHE reprenant haleine.

Paſſe pour le ruban. Mais je voulois aprendre,
S'il ne vous a rien fait que vous baiſer les bras.

AGNES.

Comment? Eſt-ce qu'on fait d'autres choſes?

ARNOLPHE.

Non pas,
Mais pour guerir du mal qu'il dit qui le poſſede,
N'a-t-il point exigé de vous d'autre remede?

AGNES.

Non. Vous pouvez juger s'il en euſt demandé,
Que pour le ſecourir j'aurois tout accordé.

ARNOLPHE.

Grace aux bontés du Ciel, j'en ſuis quitte à bon
     conte.
Si j'y retombe plus, je veux bien qu'on m'affronte.
Chut. De voſtre innocence, Agnés, c'eſt un effet,

Je

Je ne vous en dis mot , ce qui s'eſt fait eſt fait.
Je ſçay qu'en vous flattant le Galand ne deſire
Que de vous abuſer , & puis apres s'en rire.

A G N E S.

Oh! point. Il me l'a dit plus de vingt fois à moy.

A R N O L P H E.

Ah ! vous ne ſçavez pas ce que c'eſt que ſa foy,
Mais enfin : apprenez qu'accepter des caſſettes ,
Et de ces beaux blondins écouter les ſornettes :
Que ſe laiſſer par eux à force de langueur
Baiſer ainſi les mains , & chatouiller le cœur :
Eſt un peché mortel des plus gros qu'il ſe faſſe.

A G N E S.

Un peché , dites-vous. & la raiſon, de grace?

A R N O L P H E.

La raiſon ? la raiſon , eſt l'arreſt prononcé ,
Que par ces actions le Ciel eſt courroucé.

A G N E S.

Courroucé. Mais pourquoy faut-il qu'il s'en cour-
   rouce ?
C'eſt une choſe , helas! ſi plaiſante & ſi douce.
J'admire quelle joye on gouſte à tout cela.
Et je ne ſçavois point encor ces choſes-là.

A R N O L P H E.

Ouy. C'eſt un grand plaiſir que toutes ces tendreſſes,
Ces propos ſi gentils , & ces douces careſſes :
Mais il faut le gouſter en toute honneſteté ,
Et qu'en ſe mariant le crime en ſoit oſté.

A G N E S.

N'eſt-ce plus un peché lors que l'on ſe marie ?

A R N O L P H E.

Non.

A G N E S.

Mariez-moy donc promptement, je vous prie.

A R N O L P H E.

Si vous le ſouhaitez , je le ſouhaite auſſi,
Et pour vous marier on me revoit icy.

AGNÈS.

Est-il possible ?

ARNOLPHE.

Ouy.

AGNES.

Que vous me ferés aise !

ARNOLPHE.

Ouy, je ne doute point que l'hymen ne vous plaise.

AGNES.

Vous nous voulez nous deux...

ARNOLPHE.

Rien de plus asseuré.

AGNES.

Que si cela se fait, je vous caresseray !

ARNOLPHE.

Hé, la chose sera de ma part reciproque.

AGNES.

Je ne reconnois point pour moy, quand on se moc-
Parlez-vous tout de bon ?   (que.

ARNOLPHE.

Ouy, vous le pourrez voir.

AGNES.

Nous serons mariez ?

ARNOLPHE.

Ouy.

AGNES.

Mais quand?

ARNOLPHE.

Dés ce soir.

AGNES *riant.*

Dés ce soir ?

ARNOLPHE.

Dés ce soir. Cela vous fait donc rire ?

AGNES.

Ouy.

ARNOLPHE.

Vous voir bien contente, est ce que je desire.

A-

AGNES.

Helas ! que je vous ay grande obligation !
Et qu'avec luy j'auray de satisfaction !

ARNOLPHE.

Avec qui ?

AGNES.

Avec.... là.

ARNOLPHE.

Là... là n'est pas mon compte.
A choisir un mary, vous estes un peu prompte.
C'est un autre en un mot que je vous tiens tout prest,
Et quant au Monsieur, là. Je pretens, s'il vous plaist,
Dût le mettre au tombeau le mal dont il vous berce,
Qu'avec lui desormais vous rompiez tout comerce ;
Que venant au logis pour vostre compliment
Vous luy fermiez au nez la porte honnestement,
Et luy jettant, s'il heurte, un grez par la fenestre,
L'obligiez tout de bon à ne plus y parestre.
M'entendez-vous, Agnés? moy, caché dans un coin,
De vostre procedé je feray le témoin.

AGNES.

Las ! il est si bien fait. C'est...

ARNOLPHE.

Ah que de langage !

AGNES.

Je n'auray pas le cœur...

ARNOLPHE.

Point de bruit davantage.
Montez là-haut.

AGNES.

Mais quoy, voulez-vous...

ARNOLPHE.

C'est assez.
Je suis Maistre, je parle, allez, obeïssez.

Fin du II Acte.

ACTE

ACTE III.

SCENE I.

ARNOLPHE, AGNES, ALAIN,
GEORGETTE.

ARNOLPHE.

Uy : tout a bien esté, ma joye est sans
    pareille.
Vous avez là suivi mes ordres à mer-
    veille :
Confondu de tout point le blondin
    seducteur ;
Et voila dequoy sert un sage directeur.
Vostre innocence, Agnes, avoit esté surprise,
Voyez, sans y penser où vous vous estiez mise.
Vous enfiliez tout droit, sans mon instruction,
Le grand chemin d'Enfer & de perdition.
De tous ces Damoizeaux on sçait trop les coustu-
    mes.
Ils ont de beaux canons, force rubans, & plumes,
Grands cheveux, belles dents, & des propos fort
    doux :
Mais, comme je vous dis, la griffe est là dessous.
Et ce sont vrais Satans, dont la gueule alterée
De l'honneur feminin cherche à faire curée.
Mais encore une fois, grace au soin apporté,
Vous en estes sortie avec honnesteté.
L'air dont je vous ay veu luy jetter cette pierre,
Qui de tous ses desseins a mis l'espoir par terre,
Me confirme encor mieux à ne point differer
Les Nopces, où je dis qu'il vous faut preparer.
Mais avant toute chose il est bon de vous faire
Quelque petit discours ; qui vous soit salutaire.
Un siege au frais icy. Vous, si jamais en rien...

GEORGETTE.

De toutes vos leçons nous nous souviendrons bien,
Cet autre Monfieur là nous en faifoit accroire.
Mais....

ALAIN.

S'il entre jamais, je veux jamais ne boire.
Auffi bien eft-ce un fot, il nous a l'autre fois
Donné deux efcus d'or qui n'eftoient pas de poids.

ARNOLPHE.

Ayez donc pour fouper tout ce que je defire.
Et pour noftre contract, comme je viens de dire ;
Faites venir icy l'un ou l'autre au retour
Le Notaire qui loge au coin de ce carfour.

SCENE II.

ARNOLPHE, AGNES.

ARNOLPHE *affis.*

A Gnés, pour m'écouter, laiffez là voftre ouvrage.
Levez un peu la tefte, & tournez le vifage.
Là, regardez-moy là, durant cet entretien :
Et jufqu'au moindre mot imprimez-le vous bien.
Je vous époufe, Agnés, & cent fois la journée
Vous devez benir l'heur de voftre deftinée ;
Contempler la baffeffe où vous avez efté,
Et dans le mefme temps admirer ma bonté,
Qui de ce vil eftat de pauvre Villageoife,
Vous fait monter au rang d'honnorable Bourgeoife :
Et jouïr de la couche & des embraffemens
D'un homme qui fuyoit tous ces engagemens ;
Et dont à vingt partis fort capable de plaire,
Le cœur a refufé l'honneur qu'il vous veut faire.
Vous devez toûjours, dis-je, avoir devant les yeux
Le peu que vous eftiez fans ce nœud glorieux ;
Afin que cet objet d'autant mieux vous inftruife
A meriter l'eftat où je vous auray mife,

A

A toujours vous connoître, & faire qu'à jamais
Je puisse me louër de l'acte que je fais.
Le mariage, Agnés, n'est pas un badinage.
A d'austeres devoirs le rang de femme engage :
Et vous n'y montez pas, à ce que je pretens,
Pour estre libertine & prendre du bon temps.
Vostre sexe n'est là que pour la dependance.
Du costé de la barbe est la toute-puissance.
Bien qu'on soit deux moitiez de la societé,
Ces deux moitiez pourtant n'ont point d'égalité :
L'une est moitié supréme, & l'autre subalterne :
L'une en tout est soumise à l'autre qui gouverne.
Et ce que le soldat dans son devoir instruit
Monstre d'obeïssance au Chef qui le conduit,
Le Valet à son Maistre, un Enfant à son Pere,
A son Superieur le moindre petit Frere,
N'approche point encor de la docilité,
Et de l'obeïssance, & de l'humilité,
Et du profond respect, où la Femme doit estre
Pour son Mari, son Chef, son Seigneur & son Maîs-
        tre.
Lors qu'il jette sur elle un regard serieux,
Son devoir aussi-tost est de baisser les yeux ;
Et de n'oser jamais le regarder en face
Que quand d'un doux regard il luy veut faire grace.
C'est ce qu'entendent mal les femmes d'aujourduy :
Mais ne vous gastez pas sur l'exemple d'autruy.
Gardez-vous d'imiter ces coquettes vilaines,
Dont par toute la Ville on chante les fredaines :
Et de vous laisser prendre aux assauts du malin,
C'est à dire, d'ouïr aucun jeune blondin.
Songez qu'en vous faisant moitié de ma personne ;
C'est mon honneur, Agnés, que je vous abandonne
Que cet honneur est tendre, & se blesse de peu ;
Que sur un tel sujet il ne faut point de jeu :
Et qu'il est aux enfers des chaudieres bouillantes,
Où l'on plonge à jamais les femmes mal vivantes.

Ce

Ce que je vous dis là ne sont pas des chansons :
Et vous devez du cœur devorer ces leçons.
Si voſtre ame les ſuit & fuit d'eſtre coquette,
Elle ſera toujours comme un lis blanche & nette :
Mais s'il faut qu'à l'honneur elle faſſe un faux-bon,
Elle deviendra lors noire comme un charbon.
Vous paroiſtrez à tous un objet effroyable,
Et vous irez un jour, vray partage du diable,
Bouillir dans les Enfers à toute eternité :
Dont vous veuille garder la celeſte bonté.
Faites la reverence. Ainſi qu'une Novice
Par cœur dans le Couvent doit ſçavoir ſon office,
Entrant au mariage il en faut faire autant :
* Et voicy dans ma poche un écrit important
Qui vous enſeignera l'office de la femme.
J'en ignore l'auteur, mais c'eſt quelque bonne ame.
Er je veux que ce ſoit voſtre unique entretien.
Tenez : voyons un peu ſi vous le lirez bien.

* Il ſe leve.

A G N E S lit.

LES MAXIMES

DU MARIAGE,

Ou

LES DEVOIRS

de la

FEMME MARIE'E.

Avec ſon Exercice journalier.

I MAXIME.

C Elle qu'un lien honneſte,
Fait entrer au lict d'autruy :
Doit ſe mettre dans la teſte,
Malgré le train d'aujourduy,
Que l'homme qui la prend, ne la prend que pour luy.

A R-

ARNOLPHE.

Je vous expliqueray ce que cela veut dire.
Mais pour l'heure presente il ne faut rien que lire.

AGNES *poursuit.*

II MAXIME.

Elle ne se doit parer,
Qu'autant que peut desirer
Le mari qui la possede.
C'est luy que touche seul le soin de sa beauté;
Et pour rien doit estre conté,
Que les autres la trouvent laide.

III MAXIME.

Loin, ces estudes d'œillades,
Ces eaux, ces blancs, ces pommades,
Et mille ingrediens qui font des teints fleuris.
A l'honneur tous les jours ce sont drogues mortelles.
Et les soins de paroistre belles
Se prennent peu pour les maris.

IV MAXIME.

Sous sa coiffe en sortant, comme l'honneur l'ordonne,
Il faut que de ses yeux elle estouffe les coups.
Car pour bien plaire à son Espoux,
Elle ne doit plaire à personne.

V MAXIME.

Hors ceux, dont au mari la visite se rend,
La bonne regle defend
De recevoir aucune ame.
Ceux qui de galande humeur,
N'ont affaire qu'à Madame,
N'accommodent pas Monsieur.

VI MA-

VI MAXIME.

Il faut des presens des hommes
Qu'elle se deffende bien.
Car dans le siecle où nous sommes
On ne donne rien pour rien.

VII MAXIME.

Dans ses meubles, deust-elle en avoir de l'ennui,
Il ne faut écritoire, ancre, papier ny plumes.
Le mari doit dans les bonnes coustumes,
Escrire tout ce qui s'écrit chez lui.

VIII MAXIME.

Ces societez dereglées,
Qu'on nomme belles assemblées,
Des femmes, tous les jours corrompent les esprits.
En bonne Politique on les doit interdire;
Car c'est là que l'on conspire
Contre les pauvres maris.

IX MAXIME.

Toute femme qui veut à l'honneur se voüer,
Doit se deffendre de joüer,
Comme d'une chose funeste.
Car le jeu fort decevant
Pousse une femme souvent,
A joüer de tout son reste.

X MAXIME.

Des promenades du temps,
Ou repas qu'on donne aux champs,
Il ne faut point qu'elle essaye.
Selon les prudens cerveaux,
Le mari dans ces cadeaux
Est tousjours celuy qui paye.

XI Maxime.

Arnolphe.

Vous acheverez seule, & pas à pas tantost
Je vous expliqueray ces choses comme il faut.
Je me suis souvenu d'une petite affaire.
Je n'ay qu'un mot à dire, & ne tarderay guere.
Rentrez : & conservez ce Livre cherement.
Si le Notaire vient, qu'il m'attende un moment.

SCENE III.

ARNOLPHE.

JE ne puis faire mieux que d'en faire ma femme.
   Ainsi que je voudray, je tourneray cette Ame.
Come un morceau de cire entre mes mains elle est,
Et je luy puis donner la forme qui me plaist.
Ii s'en est peu fallu que, durant mon absence,
On ne m'ait attrapé par son trop d'innocence,
Mais il vaut beaucoup mieux, à dire verité,
Que la femme qu'on a peche de ce costé.
De ces sortes d'erreurs le remede est facile.
Toute personne simple aux leçons est docile :
Et si du bon chemin on l'a fait écarter
Deux mots incontinent l'y peuvent rejetter.
Mais une femme habile est bien une autre beste,
Nostre sort ne depend que de sa seule teste :
De ce qu'elle s'y met, rien ne la fait gauchir,
Et nos enseignemens ne font là que blanchir.
Son bel esprit luy sert à railler nos maximes,
A se faire souvent des vertus de ses crimes;
Et trouver, pour venir à ses coupables fins,
Des detours à duper l'adresse des plus fins.
Pour se parer du coup en vain on se fatigue.
Une femme d'esprit est un diable en intrigue :
Et dés que son caprice a prononcé tout bas
L'arrest de nostre honneur, il faut passer le pas.
Beaucoup d'honnestes gens en pourroient bien que
        dire.   Enfin

Enfin mon eftourdy n'aura pas lieu d'en rire.
Par fon trop de caquet il a ce qu'il luy faut.
Voila de nos François l'ordinaire defaut.
Dans la poffeffion d'une bonne fortune,
Le fecret eft toujours ce qui les importune ;
Et la vanité fotte a pour eux tant d'appas,
Qu'ils fe pendroient pluftoft que de ne caufer pas.
O que les femmes font du diable bien tentées,
Lors qu'elles vont choifir ces teftes éventées !
Et que... Mais je voici: cachons-nous toujours bien,
Et decouvrons un peu quel chagrin eft le fien.

S C E N E IV.

H O R A C E, A R N O L P H E.

H O R A C E.

JE reviens de chez vous , & le deftin me montre
Qu'il n'a pas refolu que je vous y rencontre.
Mais j'iray tant de fois qu'enfin quelque moment...

A R N O L P H E.

Hé mon Dieu! n'entrons point dans ce vain com-
    pliment.
Rien ne me fafche tant que ces ceremonies ,
Et fi l'on m'en croyoit , elles feroient bannies.
C'eft un maudit ufage, & la pluf-part des gens
Y perdent fottement les deux tiers de leur temps.
Mettons donc fans façons. Hé bien. vos amourettes.
Puis-je, Seigneur Horace, apprendre où vous en
    eftes ?
J'eftois tantoft diftrait par quelque vifion :
Mais depuis là-deffus j'ay fait reflexion.
De vos premiers progrez j'admire la viteffe,
Et dans l'evenement mon ame s'intereffe.

H O R A C E.

Ma foy, depuis qu'à vous s'eft découvert mon cœur,
Il eft à mon amour arrivé du malheur.

A R-

ARNOLPHE.

Oh, oh ! comment cela ?

HORACE.

       La fortune cruelle,
A ramené des champs le patron de la belle.

ARNOLPHE.

Quel malheur !

HORACE.

       Et de plus, à mon tres-grand regret,
Il a sceu de nous deux le commerce secret.

ARNOLPHE.

D'où diantre ! a-t-il si tost apris cette avanture ?

HORACE.

Je ne sçay. Mais enfin c'est une chose sure.
Je pensois aller rendre, à mon heure à peu prés,
Ma petite visite à ses jeunes attraits.
Lors que changeant pour moy de ton & de visage,
Et Servante & Valet m'ont bouché le passage,
Et d'un, *retirez-vous, vous nous importunez,*
M'ont assez rudement fermé la porte au nez.

ARNOLPHE.

La porte au nez !

HORACE.

Au nez.

ARNOLPHE.

       La chose est un peu forte.

HORACE.

J'ay voulu leur parler au travers de la porte :
Mais à tous mes propos ce qu'ils ont répondu
C'est, *vous n'entrerez point, Monsieur l'a defendu.*

ARNOLPHE.

Ils n'ont donc point ouvert ?

HORACE.

       Non. Et de la fenestre
Agnés m'a confirmé le retour de ce Maistre ;
En me chassant de là d'un ton plein de fierté,
Accompagné d'un grez que sa main a jetté.

                      AR-

ARNOLPHE.

Comment d'un grez !

HORACE.

D'un grez de taille non petite ,
Dont on a par ses mains regalé ma visite.

ARNOLPHE.

Diantre! ce ne sont pas des prunes que cela;
Et je trouve fascheux l'estat où vous voila.

HORACE.

Il est vray je suis mal par ce retour funeste.

ARNOLPHE.

Certes j'en suis fasché pour vous, je vous proteste.

HORACE.

Cet homme me rompt tout.

ARNOLPHE.

Ouy, mais cela n'est rien ,
Et de vous racrocher vous trouverez moyen.

HORACE.

Il faut bien essayer par quelque intelligence
De vaincre du jaloux l'exacte vigilance.

ARNOLPHE.

Cela vous est facile , & la fille apres tout
Vous aime.

HORACE.

Asseurément.

ARNOLPHE.

Vous en viendrez à bout.

HORACE.

Je l'espere.

ARNOLPHE.

Le grés vous a mis en déroute ,
Mais cela ne doit pas vous estonner.

HORACE.

Sans doute ,
Et j'ay compris d'abord que mon homme estoit là,
Qui sans se faire voir conduisoit tout cela :
Mais ce qui m'a surpris & qui va vous surprendre,

C   C'est

C'eſt un autre incident que vous allez entendre,
Un trait hardy qu'a fait cette jeune beauté,
Et qu'on n'attendroit point de ſa ſimplicité ;
Il le faut avouër, l'amour eſt un grand maiſtre,
Ce qu'on ne fut jamais il nous enſeigne à l'eſtre,
Et ſouvent de nos mœurs l'abſolu changement
Devient par ſes leçons l'ouvrage d'un moment.
De la nature en nous il force les obſtacles,
Et ſes effets ſoudains ont de l'air des miracles,
D'un avare à l'inſtant il fait un liberal :
Un Vaillant d'un Poltron, un Civil d'un Brutal.
Il rend agile à tout l'ame la plus peſante,
Et donne de l'eſprit à la plus innocente :
Ouy, ce dernier miracle éclatte dans Agnés,
Car tranchant avec moy par ces termes exprés,
Retirez-vous, mon ame aux viſites renonce,
Je ſçay tous vos diſcours : Et voilà ma reſponce.
Cette pierre ou ce grés dont vous vous eſtonniez,
Avec un mot de lettre eſt tombée à mes pieds,
Et j'admire de voir cette lettre ajuſtée,
Avec le ſens des mots ; Et la pierre jettée ;
D'une telle action n'eſtes-vous pas ſurpris ?
L'amour ſçait-il pas l'art d'aiguiſer les eſprits ?
Et peut-on me nier que ſes flâmes puiſſantes,
Ne faſſent dans un cœur des choſes eſtonnantes ?
Que dites-vous du tour, & de ce mot d'eſcrit ?
Euh ! n'admirez-vous point cette adreſſe d'eſprit ?
Trouvez vous pas plaiſant de voir quel Perſonna-
    ge
A joüé mon jaloux dans tout ce badinage?
Dites.

ARNOLPHE.

Ouy fort plaiſant.

HORACE.

Arnolphe rit d'un ris forcé.

                    Riez-en donc un peu,
Cét homme gendarmé d'abord contre mon feu,

Qui

Qui chez luy se retranche, & de grés fait parade,
Comme si j'y voulois entrer par escalade,
Qui pour me repousser dans son bizarre effroy,
Anime du dedans tous ses gens contre moy,
Et qu'abuse à ses yeux par sa machine mesme,
Celle qu'il veut tenir dans l'ignorance extréme :
Pour moy je vous l'avouë, encor que son retour
En un grand embarras jette icy mon amour,
Je tiens cela plaisant autant qu'on sçauroit dire,
Je ne puis y songer sans de bon cœur en rire.
Et vous n'en riez pas assez à mon avis.

A R N O L P H E *avec un ris forcé.*
Pardonnez-moy, j'en ris tout autant que je puis.

H O R A C E.
Mais il faut qu'en amy je vous montre la lettre.
Tout ce que son cœur sent, sa main a sceu l'y met-
   tre :
Mais en termes touchans, & tous pleins de bonté,
De tendresse innocente, & d'ingenuité,
De la maniere enfin que la pure nature
Exprime de l'amour la premiere blessure.

A R N O L P H E *bas.*
Voilà, friponne, à quoy l'escriture te sert,
Et contre mon dessein l'art t'en fut découvert.

H O R A C E *lit.*
*IE veux vous escrire, & je suis bien en peine par où je
m'y prendray. I'ay des pensées que je desirerois que vous
sceussiez ; mais je ne sçay comment faire pour vous les
dire , & je me deffie de mes paroles. Comme je commence
à connoistre qu'on m'a tousjours tenuë dans l'ignorance ,
j'ay peur de mettre quelque chose, qui ne soit pas bien ,
& d'en dire plus que je ne devrois. En verité je ne sçay
ce que vous m'avez fait ; mais je sens que je suis faschée
à mourir de ce qu'on me fait faire contre vous , que j'auray toutes les peines du monde à me passer de vous , &
que je serois bien-aise d'estre à vous. Peut-estre qu'il y a
du mal à dire cela ; mais enfin je ne puis m'empescher de*

le dire, & je voudrois que cela se pust faire, sans qu'il
y en eust. On me dit fort, que tous les jeunes hom-
mes sont des trompeurs ; qu'il ne les faut point écou-
ter, & que tout ce que vous me dites, n'est que pour
m'abuser ; mais je vous asseure, que je n'ay pû en-
core me figurer cela de vous ; & je suis si touchée
de vos paroles, que je ne sçaurois croire qu'elles
soient menteuses. Dites-moy franchement ce qui en est :
car enfin, comme je suis sans malice, vous auriez le plus
grand tort du monde, si vous me trompiez. Et je pense
que j'en mourrois de déplaisir.

ARNOLPHE.

Hom chienne.

HORACE.
Qu'avez-vous ?

ARNOLPHE.
Moy? rien; c'est que je tousse.

HORACE.
Avez-vous jamais veu, d'expression plus douce,
Malgré les soins maudits d'un injuste pouvoir,
Un plus beau naturel peut-il se faire voir ;
Et n'est-ce pas sans doute un crime punissable,
De gaster meschamment ce fons d'ame admirable?
D'avoir dans l'ignorance & la stupidité,
Voulu de cét esprit estoufer la clarté ;
L'amour a commencé d'en déchirer le voile,
Et si, par la faveur de quelque bonne estoile,
Je puis, comme j'espere, à ce franc animal,
Ce traistre, ce bourreau, ce faquin, ce brutal......

ARNOLPHE.
Adieu.

HORACE.
Comment si viste ?

ARNOLPHE.
Il m'est dans la pensée
Venu tout maintenant une affaire pressée.

Ho-

HORACE.

Mais ne ſçauriez-vous point comme on la tient de
   prés,
Qui dans cette maiſon pourroit avoir accés,
J'en uſe ſans ſcrupule, & ce n'eſt pas merveille,
Qu'on ſe puiſſe entre amis ſervir à la pareille :
Je n'ay plus là dedans que gens pour m'obſerver,
Et ſervante & valet que je viens de trouver,
N'ont jamais de quelque air que je m'y ſois pû
   prendre,
Adoucy leur rudeſſe à me vouloir entendre ;
J'avois pour de tels coups certaine vieille en main,
D'un genie à vray dire au deſſus de l'humain,
Elle m'a dans l'abord ſervi de bonne ſorte :
Mais depuis quatre jours la pauvre femme eſt
   morte,
Ne me pourriez-vous point ouvrir quelque moyen?

ARNOLPHE.

Non vrayment,& ſans moy vous en trouverez bien.

HORACE.

Adieu donc. Vous voyez ce que je vous confie.

SCENE V.

ARNOLPHE.

COmme il faut devant luy que je me mortifie,
   Quelle peine à cacher mon déplaiſir cuiſant.
Quoy pour une innocente, un eſprit ſi preſent ?
Elle a feint d'eſtre telle à mes yeux la traiſtreſſe,
Ou le diable à ſon ame a ſouflé cette adreſſe :
Enfin me voilà mort par ce funeſte eſcrit,
Je voy qu'il a le traiſtre empaumé ſon eſprit,
Qu'à ma ſuppreſſion il s'eſt ancré chez elle,
Et c'eſt mon deſeſpoir, & ma peine mortelle,
Je ſouffre doublement dans le vol de ſon cœur,
Et l'amour y pâtit auſſi bien que l'honneur.
J'enrage de trouver cette place uſurpée,

Et j'enrage de voir ma prudence trompée.
Je sçay que pour punir son amour libertin
Je n'ay qu'à laisser faire à son mauvais destin,
Que je seray vangé d'elle par elle-mesme :
Mais il est bien fascheux de perdre ce qu'on aime.
Ciel ! puisque pour un choix j'ay tant Philosophé,
Faut-il de ses appas m'estre si fort coeffé ?
Elle n'a ni parens, ni support, ni richesse,
Elle trahit mes soins, mes bontez, ma tendresse,
Et cependant je l'aime, aprés ce lasche tour,
Jusqu'à ne me pouvoir passer de cét amour.
Sot, n'as-tu point de honte? ah je creve, j'enrage,
Et je soufleterois mille fois mon visage.
Je veux entrer un peu ; mais seulement pour voir
Quelle est sa contenance aprés un trait si noir.
Ciel ! faites que mon front soit exempt de disgrace,
Ou bien s'il est escrit, qu'il faille que j'y passe,
Donnez-moy tout au moins pour de tels accidens,
La constance qu'on voit à de certaines gens.

Fin du troisieme Acte.

ACTE IV.

SCENE I.

ARNOLPHE.

'A Y peine, je l'avoüe, à demeurer
       en place,
Et de mille soucis mon esprit s'emba-
       rasse,
Pour pouvoir mettre un ordre & de-
       dans & dehors,
Qui du godelureau rompe tous les efforts :
De quel œil la traistresse a soustenu ma veüe,
De tout ce qu'elle a fait elle n'est point émeuë.

Et

Et bien qu'elle me mette à deux doigts du trefpas,
On diroit à la voir qu'elle n'y touche pas.
Plus en la regardant je la voyois tranquile,
Plus je fentois en moy s'efchaufer une bile,
Et ces bouillants tranfports dont s'enflammoit mon
    cœur,
Y fembloient redoubler mon amoureufe ardeur.
J'eftois aigry, fafché, defefperé contre elle,
Et cependant jamais je ne la vis fi belle ;
Jamais fes yeux aux miens n'ont paru fi perçans,
Jamais je n'eus pour eux des defirs fi preffans,
Et je fens là dedans qu'il faudra que je creve,
Si de mon trifte fort la difgrace s'acheve.
Quoy? j'auray dirigé fon education
Avec tant de tendreffe & de précaution ?
Je l'auray fait paffer chez moy dés fon enfance,
Et j'en auray chery la plus tendre efperance.
Mon cœur aura bafty fur fes attraits naiffans,
Et creu la mitonner pour moy durant treize ans.
Afin qu'un jeune fou dont elle s'amourache
Me la vienne enlever jufque fur la mouftache,
Lors qu'elle eft avec moy mariée à demy.
Non parbleu, non parbleu, petit fot mon amy,
Vous aurez beau tourner, ou j'y perdray mes peines,
Ou je rendray, ma foy, vos efperances vaines,
Et de moy tout à fait vous ne vous rirez point.

S C E N E   II.

L E   N O T A I R E, A R N O L P H E.

L E   N O T A I R E.

AH le voilà ! Bon jour, me voicy tout à point
Pour dreffer le contract que vous fouhaittez fai-
   re.
     A R N O L P H E *fans le voir.*
Comment faire ?

LE NOTAIRE.
Il le faut dans la forme ordinaire.

ARNOLPHE *sans le voir.*
A mes précautions je veux songer de prés.
LE NOTAIRE.
Je ne passeray rien contre vos interests.

ARNOLPHE *sans le voir.*
Il se faut garantir de toutes les surprises.
LE NOTAIRE.
Suffit qu'entre mes mains vos affaires soient mises,
Il ne vous faudra point, de peur d'estre deceu,
Quittancer le Contract que vous n'ayez receu.

ARNOLPHE *sans le voir.*
J'ay peur, si je vais faire éclater quelque chose,
Que de cét incident par la ville on ne cause.
LE NOTAIRE.
Et bien il est aisé d'empescher cét éclat,
Et l'on peut en secret faire vostre Contrat.

ARNOLPHE *sans le voir.*
Mais comment faudra-t-il qu'avec elle j'en sorte?
LE NOTAIRE.
Le doüaire se regle au bien qu'on vous apporte.

ARNOLPHE *sans le voir.*
Je l'ayme, & cét amour est mon grand embarras.
LE NOTAIRE.
On peut avantager une femme en ce cas.

ARNOLPHE *sans le voir.*
Quel traitement luy faire en pareille avanture ?
LE NOTAIRE.
L'ordre est que le futur doit doüer la future
Du tiers du dot qu'elle a: mais cét ordre n'est rien,
Et l'on va plus avant lors que l'on le veut bien.

ARNOLPHE *sans le voir.*
Si......
LE NOTAIRE, *Arnolphe l'appercevant.*
Pour le preciput il les regarde ensemble,
Je dis que le futur peut comme bon luy semble
                    Doüer

Doüer la future.

A R N O L P H E l'ayant apperceu.

Euh!

L E N O T A I R E.

Il peut l'avantager
Lors qu'il l'ayme beaucoup & qu'il veut l'obliger,
Et cela par doüaire, ou prefix qu'on appelle,
Qui demeure perdu par le trefpas d'icelle,
Ou fans retour, qui va de ladite à fes hoirs,
Ou Couftumier, felon les differens vouloirs,
Ou par donation dans le Contrat formelle,
Qu'on fait, ou pure & fimple, ou qu'on fait mu-
    tuelle;
Pourquoy hauffer le dos? eft ce qu'on parle en fat,
Et que l'on ne fçait pas les formes d'un Contrat?
Qui me les apprendra? perfonne; je prefume.
Sçais-je pas qu'eftant joints on eft par la Couftume,
Communs en meubles, biens, immeubles & con-
    quefts,
A moins que par un Acte on y renonce exprés?
Sçay-je pas que le tiers du bien de la future
Entre en communauté? pour......

A R N O L P H E.

Ouy, c'eft chofe fure,
Vous fçavez tout cela, mais qui vous en dit mot?

L E N O T A I R E.

Vous qui me pretendez faire paffer pour fot,
En me hauffant l'efpaule, & faifant la grimace.

A R N O L P H E.

La pefte foit fait l'homme, & fa chienne de face.
Adieu. C'eft le moyen de vous faire finir.

L E N O T A I R E.

Pour dreffer un Contrat m'a-t-on pas fait venir?

A R N O L P H E.

Ouy, je vous ay mandé : mais la chofe eft remife,
Et l'on vous mandera quand l'heure fera prife.
Voyez quel Diable d'homme avec fon entretien?

C 5

LE NOTAIRE.

Je pense qu'il en tient, & je croy penser bien.

S C E N E   III.

LE NOTAIRE, ALAIN, GEORGETTE, ARNOLPHE.

LE NOTAIRE.

M'Estes-vous pas venu querir pour vostre Maistre ?

ALAIN.

Ouy.

LE NOTAIRE.

J'ignore pour qui vous le pouvez connoistre :
Mais allez de ma part luy dire de ce pas
Que c'est un fou fieffé.

GEORGETTE.

Nous n'y manquerons pas.

S C E N E   IV.

ALAIN, GEORGETTE, ARNOLPHE.

ALAIN.

MOnsieur.....

ARNOLPHE.

Approchez vous, vous estes mes fidelles,
Mes bons, mes vrays amis, & j'en sçay des nouvelles.

ALAIN.

Le Notaire,.....

ARNOLPHE.

Laissons, c'est pour quelqu'autre jour.
On veut à mon honneur jouër d'un mauvais tour :
Et quel affront pour vous mes enfans pourroit-ce
estre,

Si l'on avoit ofté l'honneur à voftre Maiftre ?
Vous n'oferiez aprés paroiftre en nul endroit,
Et chacun vous voyant vous monftreroit au doigt :
Donc puifqu'autant que moy l'affaire vous regarde,
Il faut de voftre part faire une telle garde
Que ce galand ne puifle en aucune façon......

G E O R G E T T E.

Vous nous avez tantoft monftré noftre leçon.

A R N O L P H E.

Mais à fes beaux difcours gardez-bien de vous rendre.

A L A I N.

Oh vrayment......

G E O R G E T T E.

Nous fçavons comme il faut s'en deffendre.

A R N O L P H E.

S'il venoit doucement: Alain mon pauvre cœur
Par un peu de fecours foulage ma langueur.

A L A I N.

Vous eftes un fot.

A R N O L P H E   *à Georgette.*

Bon. Georgette ma mignonne
Tu me parois fi douce, & fi bonne perfonne.

G E O R G E T T E.

Vous eftes un nigaut.

A R N O L P H E   *à Alain.*

Bon. Quel mal trouves-tu
Dans un deffein honnefte, & tout plein de vertu ?

A L A I N.

Vous eftes un fripon.

A R N O L P H E   *à Georgette.*

Fort bien. Ma mort eft fure
Si tu ne prens pitié des peines que j'endure.

G E O R G E T T E.

Vous eftes un beneft, un impudent.

A R N O L P H E.

Fort bien.

C 6   Je

Je ne suis pas un homme à vouloir rien pour rien,
Je sçay quand on me sert en garder la memoire :
Cependant par avance, Alain, voilà pour boire,
Et voilà pour t'avoir, Georgette, un cottillon,
    Ils tendent tous deux la main, & prennent l'argent.
Ce n'est de mes bien-faits qu'un simple eschantil-
    lon,
Toute la courtoisie enfin dont je vous presse,
C'est que je puisse voir vostre belle Maistresse.
        GEORGETTE *le poussant,*
A d'autres.

        ARNOLPHE.
    Eon cela.
        ALAIN *le poussant.*
        Hors d'icy.
        ARNOLPHE.
                Bon.
    GEORGETTE *le poussant,*
                        Mais tost.
        ARNOLPHE.
Bon. Hola, c'est assez.
        GEORGETTE.
                    Fais-je pas comme il faut ?
        ALAIN.
Est-ce de la façon que vous voulez l'entendre ?
        ARNOLPHE.
Ouy, fort bien, hors l'argent qu'il ne falloit pas
    prendre.
        GEORGETTE.
Nous ne nous sommes pas souvenus de ce point.
        ALAIN.
Voulez-vous qu'à l'instant nous recommencions?
        ARNOLPHE.
                            Point.
Suffit, rentrez tous deux.
        ALAIN.
            Vous n'avez rien qu'à dire.
                    AR-

ARNOLPHE.

Non, vous dis-je, rentrez, puis que je le desire.
Je vous laisse l'argent, allez, je vous rejoins,
Ayez bien l'œil à tout, & secondez mes soins.

SCENE V.

ARNOLPHE.

IE veux pour espion qui soit d'exacte veuë,
    Prendre le Savetier du coin de nostre ruë;
Dans la maison toujours je pretends la tenir,
Y faire bonne garde, & sur tout en bannir
Vendeuses de Ruban, Perruquieres, Coiffeuses,
Faiseuses de mouchoirs, Gantieres, Revendeuses,
Tous ces gens qui sous-main travaillent chaque
    jour,
A faire reüssir les mysteres d'amour;
Enfin j'ay veu le monde, & j'en sçay les finesses,
Il faudra que mon homme ait de grandes adresses,
Si Message ou Poulet de sa part peut entrer.

SCENE VI.

HORACE, ARNOLPHE.

HORACE.

LA place m'est heureuse à vous y rencontrer,
    Je viens de l'eschapper bien belle, je vous jure,
Au sortir d'avec vous sans prevoir l'avanture,
Seule dans son balcon j'ay veu paroistre Agnés,
Qui des arbres prochains prenoit un peu le frais;
Apres m'avoir fait signe, elle a sceu faire en sorte
Descendant au jardin de m'en ouvrir la porte :
Mais à peine tous deux dans sa chambre estions
    nous,
Qu'elle a sur les degrez entendu son jaloux,
Et tout ce qu'elle a pû dans un tel accessoire,

                    C'est

C'eſt de me renfermer dans une grande armoire,
Il eſt entré d'abord ; je ne le voyois pas,
Mais je l'oyois marcher ſans rien dire à grands pas;
Pouſſant de temps en temps des ſoupirs pitoiables,
Et donnant quelques-fois de grands coups ſur les
     tables,
Frapant un petit chien qui pour luy s'émouvoit ;
Et jettant bruſquement les hardes qu'il trouvoit,
Il a meſme caſſé d'une main mutinée,
Des vaſes dont la belle ornoit ſa cheminée,
Et ſans doute il faut bien qu'à ce becque cornu,
Du trait qu'elle a joüé quelque jour ſoit venu.
Enfin aprês cent tours aiant de la maniere,
Sur ce qui n'en peut mais dechargé ſa colere,
Mon jaloux inquiet ſans dire ſon ennuy,
Eſt ſorty de la chambre, & moy de mon eſtuy.
Nous n'avons point voulu de peur du perſonnage,
Riſquer à nous tenir enſemble davantage,
C'eſtoit trop hazarder ; mais je dois cette nuit,
Dans ſa chambre un peu tard m'introduire ſans
     bruit,
En touſſant par trois fois je me feray connoiſtre,
Et je dois au ſignal voir ouvrir la feneſtre,
Dont avec une échelle, & ſecondé d'Agnés,
Mon amour taſchera de me gagner l'accés,
Comme à mon ſeul amy je veux bien vous l'apren-
     dre;
L'allegreſſe du cœur s'augmente à la reſpandre,
Et gouſta-t-on cent fois un bon-heur tout parfait,
On n'en eſt pas content ſi quelqu'un ne le ſçait;
Vous prendrez part, je penſe, à l'heur de mes affaires.
Adieu, je vais ſonger aux choſes neceſſaires.

SCENE VII.

ARNOLPHE.

QUoy? l'aftre qui s'obftine à me defefperer,
Ne me donnera pas le temps de refpirer,
Coup fur coup je verray par leur intelligence,
De mes foins vigilans confondre la prudence,
Et je feray la dupe en ma maturité,
D'une jeune innocente, & d'un jeune eventé!
En fage Philofophe on m'a veu vingt années
Contempler des maris les triftes deftinées,
Et m'inftruire avec foin de tous les accidens,
Qui font dans le malheur tomber les plus prudens,
Des difgraces d'autruy profitant dans mon ame,
J'ay cherché les moyens voulant prendre une fem-
    me,
De pouvoir garantir mon front de tous affronts,
Et le tirer de pair d'avec les autres fronts,
Pour ce noble deffein j'ay crû mettre en pratique
Tout ce que peut trouver l'humaine Politique,
Et comme fi du fort il eftoit arrefté,
Que nul homme icy bas n'en feroit exempté,
Apres l'experience, & toutes les lumieres,
Que j'ay pû m'acquerir fur de telles matieres,
Apres vingt ans & plus de meditation,
Pour me conduire en tout avec precaution,
De tant d'autres maris j'aurois quitté la trace,
Pour me trouver apres dans la mefme difgrace.
Ah bourreau de deftin vous en aurez menty,
De l'objet qu'on pourfuit, je fuis encor nanty,
Si fon cœur m'eft volé par ce blondin funefte,
J'empefcheray du moins qu'on s'empare du refte,
Et cette nuit qu'on prend pour ce galand exploit,
Ne fe paffera pas fi doucement qu'on croit.
Ce m'eft quelque plaifir parmy tant de trifteffe,
Que l'on me donne avis du piege qu'on me dreffe;

Et

Et que cet eſtourdy qui veut m'eſtre fatal,
Faſſe ſon confident de ſon propre Rival.

SCENE VIII.

CHRISALDE, ARNOLPHE.

CHRISALDE.

ET bien, ſouperons-nous avant la prome-
nade ?

ARNOLPHE.
Non, je jeuſne ce ſoir.

CHRISALDE.
D'où vient cette boutade ?

ARNOLPHE.
De grace, excuſez-moy, j'ay quelqu'autre embarras.

CHRISALDE.
Voſtre hymen reſolu ne ſe fera-t-il pas ?

ARNOLPHE.
C'eſt trop s'inquieter des affaires des autres.

CHRISALDE.
Oh, oh, ſi bruſquement ? quels chagrins ſont les
voſtres ?
Seroit-il point, compere, à voſtre paſſion,
Arrivé quelque peu de tribulation ?
Je le jurerois preſque à voir voſtre viſage.

ARNOLPHE.
Quoy qu'il m'arrive au moins auray-je l'avantage,
De ne pas reſſembler à de certaines gens,
Qui ſouffrent doucement l'approche des galans.

CHRISALDE.
C'eſt un eſtrange fait qu'avec tant de lumieres
Vous vous effarouchiez toujours ſur ces matieres,
Qu'en cela vous mettiez le ſouverain bon-heur,
Et ne conceviez point au monde d'autre honneur,
Eſtre avare, brutal, fourbe, meſchant, & laſche,
N'eſt rien à voſtre avis aupres de cette tache,

Et

Et de quelque façon qu'on puiſſe avoir veſcu,
On eſt homme d'honneur quand on n'eſt point
    cocu.
A le bien prendre au fond, pourquoy voulez vous
    croire,
Que de ce cas fortuit depende noſtre gloire ?
Et qu'une ame bien née ait à ſe reprocher,
L'injuſtice d'un mal qu'on ne peut empeſcher ?
Pourquoy voulez-vous, dis-je, en prenant une fem-
    me,
Qu'on ſoit digne à ſon choix de loüange ou de
    blaſme,
Et qu'on s'aille former un monſtre plein d'effroy,
De l'affront que nous fait ſon manquement de foy ?
Mettez-vous dans l'eſprit qu'on peut du cocuage,
Se faire en galand homme une plus douce image,
Que des coups du hazard aucun n'eſtant garant,
Cet accident de ſoy doit eſtre indifferent,
Er qu'enfin tout le mal quoy que le monde gloſe,
N'eſt que dans la façon de recevoir la choſe;
Et pour ſe bien conduire en ces difficultez,
Il y faut comme en tout fuir les extremitez,
N'imiter pas ces gens un peu trop debonnaires,
Qui tirent vanité de ces ſortes d'affaires ;
De leurs femmes toujours vont citant les galans,
En font par tout l'eloge, & proſnent leurs talens,
Teſmoignent avec eux d'eſtroites ſimpathies,
Sont de tous leurs cadeaux, de toutes leurs parties:
Et font qu'avec raiſon les gens ſont eſtonnez,
De voir leur hardieſſe à montrer là leur nez.
Ce procedé ſans doute eſt tout à fait blâmable :
Mais l'autre extremité n'eſt pas moins condamna-
    ble,
Si je n'approuve pas ces amis des galans,
Je ne ſuis pas auſſi pour ces gens turbulens,
Dont l'imprudent chagrin qui tempeſte & qui
    gronde,

Atti-

Attire au bruit qu'il fait les yeux de tout le monde;
Et qui par cet éclat semblent ne pas vouloir
Qu'aucun puisse ignorer ce qu'ils peuvent avoir.
Entre ces deux partis il en est un honneste,
Où dans l'occasion l'homme prudent s'arreste,
Et quand on le sçait prendre on n'a point à rougir,
Du pis dont une femme avec nous puisse agir.
Quoy qu'on en puisse dire, enfin le cocuage
Sous des traits moins affreux aisément s'envisage :
Et comme je vous dis, toute l'habilité,
Ne va qu'à le sçavoir tourner du bon costé.

ARNOLPHE.

Apres ce beau discours toute la confrerie
Doit un remerciment à vostre Seigneurie :
Et quiconque voudra vous entendre parler,
Montrera de la joye à s'y voir enroller.

CHRISALDE.

Je ne dis pas cela, car c'est ce que je blasme :
Mais comme c'est le sort qui nous donne une fem-
    me,
Je dis que l'on doit faire ainsi qu'au jeu de dez,
Où s'il ne vous vient pas ce que vous demandez,
Il faut jouër d'adresse, & d'une ame reduite,
Corriger le hazard par la bonne conduite.

ARNOLPHE.

C'est à dire, dormir, & manger toujours bien,
Et se persuader que tout cela n'est rien.

CHRISALDE.

Vous pensez-vous mocquer, mais à ne vous rien
    feindre,
Dans le monde je voy cent choses plus à craindre,
Et dont je me ferois un bien plus grand malheur,
Que de cet accident qui vous fait tant de peur.
Pensez vous qu'à choisir de deux choses prescrites,
Je n'aimasse pas mieux estre ce que vous dites,
Que de me voir mari de ces femmes de bien,
Dont la mauvaise humeur fait un procés sur rien?

Ces

Ces dragons de vertu, ces honneſtes diableſſes,
Se retranchant toujours ſur leurs ſages prouëſſes,
Qui pour un petit tort qu'elles ne nous font pas,
Prennent droit de traiter les gens de haut en bas,
Et veulent ſur le pied de nous eſtre fidelles ,
Que nous ſoions tenus à tout endurer d'elles :
Encor un coup, Compere , apprenez qu'en effet,
Le cocuage n'eſt que ce que l'on le fait ,
Qu'on peut le ſouhaiter pour de certaines cauſes ,
Et qu'il a ſes plaiſirs comme les autres choſes.

                A R N O L P H E.
Si vous eſtes d'humeur à vous en contenter ;
Quant à moy, ce n'eſt pas la mienne d'en tâter;
Et pluſtoſt que ſubir une telle avanture....

                C H R I S A L D E.
Mon Dieu ne jurez point de peur d'eſtre parjure ;
Si le ſort l'a reglé , vos ſoins ſont ſuperflus,
Et l'on ne prendra pas voſtre avis là deſſus.

                A R N O L P H E.
Moy ! je ſerois cocu ?

                C H R I S A L D E.
                    Vous voila bien malade,
Mille gens le ſont bien ſans vous faire bravade ;
Qui de mine, de cœur, de biens & de maiſon ,
Ne feroient avec vous nulle comparaiſon.

                A R N O L P H E.
Et moy je n'en voudrois avec eux faire aucune :
Mais cette raillerie en un mot m'importune.
Briſons là , s'il vous plaiſt.

                C H R I S A L D E.
                    Vous eſtes en courroux,
Nous en ſçaurons la cauſe ; Adieu ſouvenez-vous;
Quoy que ſur ce ſujet voſtre honneur vous inſpire,
Que c'eſt eſtre à demy ce que l'on vient de dire :
Que de vouloir jurer qu'on ne le ſera pas.

                A R N O L P H E.
Moy ! je le jure encore , & je vais de ce pas ,
                                Contre

Contre cet accident trouver un bon remede.

SCENE IX.

ALAIN, GEORGETTE, ARNOLPHE.

ARNOLPHE.

MEs amis, c'eſt icy que j'implore voſtre aide,
Je ſuis edifié de voſtre affection ;
Mais il faut qu'elle éclatte en cette occaſion :
Et ſi vous m'y ſervez ſelon ma confiance,
Vous eſtes aſſeurez de voſtre recompenſe.
L'homme que vous ſçavez, n'en faites point de
    bruit,
Veut comme je l'ay ſceu m'attrapper cette nuit,
Dans la chambre d'Agnés entrer par eſcalade,
Mais il luy faut nous trois dreſſer une embuſcade :
Je veux que vous preniez chacun un bon baſton,
Et quand il ſera prés du dernier eſchelon ;
Car dans le temps qu'il faut j'ouvriray la feneſtre,
Que tous deux à l'envy vous me chargiez ce traitre :
Mais d'un air dont ſon dos garde le ſouvenir,
Et qui lui puiſſe apprendre à n'y plus revenir,
Sans me nommer pourtant en aucune maniere,
Ni faire aucun ſemblant que je ſeray derriere.
Aurez-vous bien l'eſprit de ſervir mon couroux ?
ALAIN.
S'il ne tient qu'à frapper, Monſieur, tout eſt à nous.
Vous verrés, quand je bas, ſi j'y vais de main-morte.
GEORGETTE.
La mienne, quoy qu'aux yeux elle n'eſt pas ſi for-
    te,
N'en quitte pas ſa part à le bien eſtriller.
ARNOLPHE.
Rentrez donc, & ſur-tout gardez de babiller ;
Voila pour le prochain une leçon utile,

Et

Et si tous les Maris qui sont en cette Ville,
De leurs Femmes ainsi recevoient le Galand,
Le nombre des Cocus ne seroit pas si grand.

Fin du quatriéme Acte.

A C T E V.

S C E N E I.

ALAIN, GEORGETTE, ARNOLPHE.

A R N O L P H E.

 Raistres , qu'avez-vous fait par cette
violence ?

A L A I N.

Nous vous avons rendu, Monsieur , o-
beïssance.

A R N O L P H E.

De cette excuse en vain vous voulez vous armer.
L'ordre estoit de le battre, & non de l'assommer ;
Et c'estoit sur le dos & non pas sur la teste ,
Que j'avois commandé qu'on fist choir la tempeste.
Ciel ! dans quel accident me jette icy le sort ?
Et que puis-je resoudre à voir cet homme mort ?
Rentrez dans la maison ; & gardez de rien dire
De cet ordre innocent que j'ay pû vous prescrire.
Le jour s'en va paroistre , & je vais consulter
Comment dans ce mal-heur je me dois comporter.
Helas ! que deviendray-je ? & que dira le pere,
Lors qu'inopinément il sçaura cette affaire ?

S C E-

SCENE V.

HORACE, ARNOLPHE.

HORACE.

IL faut que j'aille un peu reconnoiſtre qui c'eſt.

ARNOLPHE.

Euſt-on jamais preveu... Qui va là? s'il vous plaiſt.

HORACE.

C'eſt vous, Seigneur Arnolphe.

ARNOLPHE.

        Ouy, mais vous...

HORACE.

           C'eſt Horace.
Je m'en allois chez vous, vous prier d'une grace.
Vous ſortez bien matin.

ARNOLPHE bas.

        Quelle confuſion !
Eſt-ce un enchantement ? eſt-ce une illuſion ?

HORACE.

J'eſtois à dire vray, dans une grande peine ;
Et je benis du Ciel la bonté ſouveraine,
Qui fait qu'à poinct nommé je vous rencontre ainſi.
Je viens vous avertir que tout a reüſſi,
Et meſme beaucoup plus que je n'euſſe oſé dire ;
Et par un incident qui devoit tout deſtruire.
Je ne ſçay point par où l'on a pû ſoupçonner
Cette aſſignation qu'on m'avoit ſceu donner :
Mais eſtant ſur le poinct d'atteindre à la feneſtre
J'ay, contre mon eſpoir, veu quelques gens paroiſ-
    tre,
Qui ſur moy bruſquement levant chacun le bras
M'ont fait manquer le pied & tomber juſqu'en bas;
Et ma cheute aux dépens de quelque meurtriſſure,
De vingt coups de baſton m'a ſauvé l'avanture.
Ces gens-là, dont eſtoit, je penſe, mon jaloux,

                Ont

Ont imputé ma cheute à l'effort de leurs coups,
Et comme la douleur un affez long efpace
M'a fait fans remuër demeurer fur la place,
Ils ont crû tout de bon qu'ils m'avoient affommé,
Et chacun d'eux s'en eft auffi-toft allarmé.
J'entendois tout leur bruit dans le profond filence,
L'un l'autre ils s'accufoient de cette violence,
Et fans lumiere aucune en querellant le fort,
Sont venus doucement tafter fi j'eftois mort.
Je vous laiffe à penfer fi dans la nuit obfcure,
J'ay d'un vray trépaffé fceu tenir la figure.
Ils fe font retirez avec beaucoup d'effroy ;
Et comme je fongeois à me retirer moy,
De cette feinte mort la jeune Agnés efmeuë
Avec empreffement eft devers moy venuë :
Car les difcours qu'entr'eux ces gens avoient tenus,
Jufques à fon oreille eftoient d'abord venus,
Et pendant tout ce trouble eftant moins obfervée,
Du logis aifément elle s'eftoit fauvée.
Mais me trouvant fans mal elle a fait éclatter
Un tranfport difficile à bien reprefenter.
Que vous diray-je? enfin cette aimable perfonne
A fuivi les confeils que fon amour luy donne.
N'a plus voulu fonger à retourner chez foy,
Et de tout fon deftin s'eft commife à ma foy.
Confiderez un peu par ce trait d'innocence
Où l'expofe d'un fou la haute impertinence ;
Et quels fafcheux perils elle pourroit courir,
Si j'eftois maintenant homme à la moins cherir?
Mais d'un trop pur amour mon ame eft embrafée,
J'aimerois mieux mourir que l'avoir abufée.
Je luy vois des appas dignes d'un autre fort,
Et rien ne m'en fçauroit feparer que la mort.
Je prevoy là-deffus l'emportement d'un pere :
Mais nous prendrons le temps d'apaifer fa colere.
A des charmes fi doux je me laiffe emporter,
Et dans la vie, enfin, il fe faut contenter.

Ce

Ce que je veux de vous sous un secret fidelle,
C'est que je puisse mettre en vos mains cette Belle,
Que dans voſtre maiſon , en faveur de mes feux ,
Vous lui donniez retraite au moins un jour ou deux.
Outre qu'aux yeux du monde il faut cacher ſa fuite,
Et qu'on en pourra faire une exacte pourſuite ;
Vous ſçavez qu'une fille auſſi de ſa façon
Donne avec un jeune homme un eſtrange ſoupçon.
Et comme c'eſt à vous , ſeur de voſtre prudence,
Que j'ay fait de mes feux entiere confidence ;
C'eſt à vous ſeul auſſi comme ami genereux
Que je puis confier ce depoſt amoureux.

ARNOLPHE.

Je ſuis , n'en doutez point , tout à voſtre ſervice.

HORACE.

Vous voulez bien me rendre un ſi charmant office.

ARNOLPHE.

Tres-volontiers , vous disje , & je me ſens ravir
De cette occaſion que j'ay de vous ſervir.
Je rends graces au Ciel de ce qu'il me l'envoye,
Et n'ay jamais rien fait avec ſi grande joye.

HORACE.

Que je ſuis redevable à toutes vos bontez !
J'avois de voſtre part craint des difficultez :
Mais vous eſtes du monde , & dans voſtre ſageſſe
Vous ſçavez excuſer le feu de la jeuneſſe ,
Un de mes gens la garde au coin de ce detour.

ARNOLPHE.

Mais comment ferons-nous? car il fait un peu jour;
Si je la prens icy , l'on me verra, peut-eſtre,
Et s'il faut que chez moy vous veniez à paroiſtre,
Des valets cauſeront. Pour jouër au plus ſur ,
Il faut me l'amener dans un lieu plus obſcur ,
Mon allée eſt commode , & je l'y vais attendre.

HORACE.

Ce ſont precautions qu'il eſt fort bon de prendre.
Pour moy je ne feray que vous la mettre en main,

Et

Et chez moy sans éclat je retourne soudain.

ARNOLPHE *seul.*

Ah fortune ! ce trait d'avanture propice
Repare tous les maux que m'a faits ton caprice.

SCENE III.

AGNES, HORACE, ARNOLPHE.

HORACE.

* NE soyez point en peine, où je vais vous me-
ner,
C'est un logement seur que je vous fais donner.
Vous loger avec moy ce seroit tout destruire,
Entrez dans cette porte, & laissez-vous conduire.

AGNES.

Pourquoy me quittez-vous ?

HORACE.

Chere Agnes, il le faut.

AGNES.

Songez donc, je vous prie, à revenir bien-tost.

HORACE.

J'en suis assez pressé par ma flame amoureuse.

AGNES.

Quand je ne vous vois point, je ne suis point joyeuse.

HORACE.

Hors de vostre presence on me voit triste aussi.

AGNES.

Helas ! s'il estoit vray, vous resteriez icy.

HORACE.

Quoy ! vous pourriez douter de mon amour extreme ?

AGNES.

Non, vous ne m'aymés pas autant que je vous aime.
Ah l'on me tire trop !

Arnolphe la tire.

D   HO-

* *Arnolphe luy prend la main sans qu'elle le connoisse.*

HORACE.

C'est qu'il est dangereux,
Chere Agnés, qu'en ce lieu nous soyons veus tous
deux ;
Et le parfait amy , de qui la main vous presse ,
Suit le zele prudent qui pour nous l'interesse.

AGNES.

Mais suivre un inconnu que.....

HORACE.

N'apprehendez rien ,
Entre de telles mains vous ne serez que bien.

AGNES.

Je me trouverois mieux entre celles d'Horace.

HORACE.

Et j'aurois....

AGNES *à celuy qui la tient.*
Attendez.

HORACE,

Adieu , le jour me chasse.

AGNES.

Quand vous verray-je donc ?

HORACE.

Bien-tost asseurément.

AGNES.

Que je vais m'ennuyer jusques à ce moment !

HORACE.

Grace au Ciel , mon bonheur n'est plus en concur-
rence ,
Et je puis maintenant dormir en asseurance.

SCE.

SCENE IV.

ARNOLPHE, AGNES.

ARNOLPHE *le nés dans son manteau.*

VEnez, ce n'est pas là que je vous logeray,
Et vostre giste ailleurs est par moy preparé,
Je pretends en lieu seur mettre vostre personne.
Me connoissez-vous ?

AGNES *le reconnoissant.*

Hay.

ARNOLPHE.

Mon visage, Friponne,
Dans cette occasion rend vos sens effrayez,
Et c'est à contre-cœur qu'icy vous me voyez ;
Je trouble en ses projets l'amour qui vous possede,
*N'appellez point des yeux le Galand à vostre ayde,
Il est trop esloigné pour vous donner secours.
Ah, ah, si jeune encor, vous joüez de ces tours ;
Vostre simplicité, qui semble sans pareille,
Demande si l'on fait les Enfans par l'oreille,
Et vous sçavez donner des rendez-vous la nuit,
Et pour suivre un Galand vous evader sans bruit.
Tu-dieu? comme avec luy vostre langue cajole ;
Il faut qu'on vous ait mise à quelque bonne école.
Qui diantre tout d'un coup vous en a tant appris ?
Vous ne craignez donc plus de trouver des Esprits?
Et ce Galand la nuit vous a donc enhardie.
Ah, Coquine! en venir à cette perfidie ;
Malgré tous mes bienfaits former un tel dessein,
Petit serpent que j'ay reschauffé dans mon sein,
Et qui dés qu'il se sent par une humeur ingrate
Cherche à faire du mal à celuy qui le flatte.

AGNES.

Pourquoy me criez vous ?

 A R-

* *Agnés regarde si elle ne verra point Horace.*

ARNOLPHE.

J'ay grand tort en effet.

AGNES.

Je n'entends point de mal dans tout ce que j'ay fait.

ARNOLPHE.

Suivre un Galand n'eft pas une action infame ?

AGNES.

C'eft un homme qui dit qu'il me veut pour fa fem-
me ;
J'ay fuivy vos leçons, & vous m'avez prefché
Qu'il fe faut marier pour ofter le peché.

ARNOLPHE.

Ouy, mais pour femme moy je pretendois vous
prendre,
Et je vous l'avois fait, me femble, affez entendre.

AGNES.

Ouy, mais à vous parler franchement entre nous,
Il eft plus pour cela, felon mon gouft, que vous ;
Chez vous le mariage eft fafcheux & penible,
Et vos difcours en font une image terrible :
Mais las! il le fait luy fi remply de plaifirs,
Que de fe marier il donne des defirs.

ARNOLPHE.

Ah, c'eft que vous l'aymez, traiftreffe.

AGNES.

Ouy je l'ayme.

ARNOLPHE.

Et vous avez le front de le dire à moy-mefme ?

AGNES.

Et pourquoy, s'il eft vray, ne le dirois-je pas ?

ARNOLPHE.

Le deviez-vous aimer ? Impertinente.

AGNES.

Helas!

Eft-ce que j'en puis mais? luy feul en eft la caufe,
Et je n'y fongeois pas lors que fe fit la chofe.

A R.

ARNOLPHE.

Mais il falloit chaſſer cet amoureux deſir.

AGNES.

Le moyen de chaſſer ce qui fait du plaiſir.

ARNOLPHE.

Et ne ſçaviez-vous pas que c'eſtoit me déplaire?

AGNES.

Moy, point du tout, quel mal cela vous peut-il faire?

ARNOLPHE.

Il eſt vray, j'ay ſujet d'en eſtre réjoüy,
Vous ne m'aymez donc pas à ce conte.

AGNES.

Vous?

ARNOLPHE.

Ouy.

AGNES.

Helas, non.

ARNOLPHE.

Comment, non ?

AGNES.

Voulez-vous que je mente?

ARNOLPHE.

Pourquoy ne m'aymer pas, Madame l'impudente ?

AGNES.

Mon Dieu, ce n'eſt pas moy que vous devez blaſmer;
Que ne vous eſtes-vous comme luy fait aymer ?
Je ne vous en ay pas empeſché, que je penſe.

ARNOLPHE.

Je m'y ſuis efforcé de toute ma puiſſance ;
Mais les ſoins que j'ay pris, je les ay perdus tous.

AGNES.

Vrayment il en ſçait donc là-deſſus plus que vous;
Car à ſe faire aimer il n'a point eu de peine.

ARNOLPHE.

Voyez comme raiſonne & répond la vilaine.
Peſte, une Precieuſe en diroit-elle plus ?
Ah! je l'ay mal connuë , ou ma foy là-deſſus

Une fotte en fçait plus que le plus habile homme;
Puifqu'en   raifonnement voftre efprit fe confom-
      me :
La belle raifonneufe, eft-ce qu'un fi long-temps
Je vous auray pour luy nourrie à mes defpens ?

                AGNES.
Non, il vous rendra tout jufques au dernier double.

                ARNOLPHE.
Elle a de certains mots où mon dépit redouble,
Me rendrat-t-il, coquine, avec tout fon pouvoir
Les obligations que vous pouvez m'avoir ?

                AGNES.
Je ne vous en ay pas de fi grandes qu'on penfe.

                ARNOLPHE.
N'eft-ce rien que les foins d'élever voftre enfance ?

                AGNES.
Vous avez là dedans bien operé vrayment,
Et m'avez fait en tout inftruire joliment !
Croit-on que je me flatte, & qu'enfin dans ma tefte
Je ne juge pas bien que je fuis une befte ?
Moy-mefme j'en ay honte, & dans l'âge où je fuis
Je ne veux plus paffer pour fotte, fi je puis.

                ARNOLPHE.
Vous fuyez l'ignorance, & voulez, quoy qu'il
      coute,
Apprendre du blondin quelque chofe.

                AGNES.
                              Sans doute,
C'eft de luy que je fçay ce que je puis fçavoir,
Et beaucoup plus qu'à vous je penfe luy devoir.

                ARNOLPHE.
Je ne fçay qui me tient qu'avec une gourmade
Ma main de ce difcours ne vange la bravade.
J'enrage quand je voy fa piquante froideur,
Et quelques coups de poing fatisferoient mon cœur.

                AGNES.
Helas, vous le pouvez, fi cela peut vous plaire.

                                        A R-

ARNOLPHE.

Ce mot & ce regard defarment ma colere,
Et produit un retour de tendreffe de cœur,
Qui de fon action m'efface la noirceur.
Chofe eftrange ! d'aimer, & que pour ces traiftreffes
Les hommes foient fujets à de telles foibleffes.
Tout le monde connoift leur imperfection,
Ce n'eft qu'extravagance, & qu'indifcretion ;
Leur efprit eft mefchant, & leur ame fragile.
Il n'eft rien de plus foible & de plus imbecile,
Rien de plus infidelle; & malgré tout cela
Dans le monde on fait tout pour ces animaux-là.
Hé bien, faifons la paix, va petite traiftreffe,
Je te pardonne tout, & te rens ma tendreffe ;
Confidere par là l'amour que j'ay pour toy,
Et me voyant fi bon, en revanche ayme-moy.

AGNES.

Du meilleur de mon cœur, je voudrois vous com-
     plaire,
Que me coufteroit-il, fi je le pouvois faire ?

ARNOLPHE.

Mon pauvre petit bec, tu le peux, fi tu veux,
* Efcoute feulement ce foupir amoureux,
Voy ce regard mourant, contemple ma perfonne,
Et quitte ce morveux, & l'amour qu'il te donne ;
C'eft quelque fort qu'il faut qu'il ait jetté fur toy,
Et tu feras cent fois plus heureufe avec moy.
Ta forte paffion eft d'eftre brave & lefte,
Tu le feras toûjours, va, je te le protefte ;
Sans ceffe nuit & jour je te carefferay,
Je te bouchonneray, baiferay, mangeray ;
Tout comme tu voudras, tu pourras te conduire;
Je ne m'explique point, & cela c'eft tout dire.
** Jufqu'où la paffion peut-elle faire aller ?
Enfin à mon amour rien ne peut s'égaler ;
Quelle preuve veux-tu que je t'en donne, ingratte ?

D 4

Me

* Il fait un foupir.   ** à part.

Me veux-tu voir pleurer? veux-tu que je me batte?
Veux-tu que je m'arrache un costé de cheveux;
Veux-tu que je me tuë? ouy, dy si tu le veux,
Je suis tout prest, cruelle, à te prouver ma flame.

AGNES.

Tenez, tous vos discours ne me touchent point
    l'ame.
Horace avec deux mots en feroit plus que vous.

ARNOLPHE.

Ah!c'est trop me braver,trop pousser mon courroux;
Je suivray mon dessein, beste trop indocile,
Et vous denicherez à l'instant de la Ville;
Vous rebutez mes vœux, & me mettez à bout;
Mais un cul de Couvent me vangera de tout.

SCENE V.

ALAIN, ARNOLPHE.

ALAIN.

JE ne sçay ce que c'est, Monsieur, mais il me sem-
    ble
Qu'Agnes & le corps mort s'en sont allez ensemble.

ARNOLPHE.

La voicy, dans ma chambre allez me la nicher,
Ce ne sera pas là qu'il la viendra chercher,
Et puis c'est seulement pour une demie-heure,
Je vais pour luy donner une seure demeure
Trouver une voiture; enfermez-vous des mieux,
Et sur tout gardez-vous de la quitter des yeux:
Peut-estre que son ame estant dépaïsée
Pourra de cet amour estre desabusée.

SCE-

SCENE VI.

HORACE, ARNOLPHE.

HORACE.

AH ! je viens vous trouver accablé de douleur,
Le Ciel, Seigneur Arnolphe, a conclu mon
  malheur,
Et par un trait fatal d'une injuſtice extréme
On me veut arracher de la beauté que j'ayme.
Pour arriver icy mon pere a pris le frais,
J'ay trouvé qu'il mettoit pied à terre icy prés,
Et la cauſe en un mot d'une telle venuë,
Qui, comme je diſois, ne m'eſtoit pas connuë,
C'eſt qu'il m'a marié ſans m'en reſcrire rien,
Et qu'il vient en ces lieux celebrer ce lien.
Jugez, en prenant part à mon inquietude,
S'il pouvoit m'arriver un contre-temps plus rude,
Cet Enrique, dont hier je m'informois à vous,
Cauſe tout le malheur dont je reſſens les coups ;
Il vient avec mon pere achever ma ruïne,
Et c'eſt ſa fille unique à qui l'on me deſtine.
J'ay dés leurs premiers mots penſé m'évanouïr,
Et d'abord ſans vouloir plus long-temps les ouïr,
Mon pere ayant parlé de vous rendre viſite
L'eſprit plein de frayeur je l'ay devancé viſte :
De grace, gardez-vous de luy rien découvrir
De mon engagement, qui le pourroit aigrir,
Et taſchez, comme en vous il prend grande creance,
De le diſſuader de cette autre alliance.

ARNOLPHE.

Ouy dà.

HORACE.

Conſeillez luy de differer un peu,
Et rendez en amy ce ſervice à mon feu.

 A E

ARNOLPHE.

Je n'y manqueray pas.

HORACE.

C'est en vous que j'espere.

ARNOLPHE.

Fort bien.

HORACE.

Et je vous tiens mon veritable pere ;
Dites-luy que mon âge... * ah ! je le voy venir,
Escoutez les raisons que je vous puis fournir.

SCENE VII.

ENRIQUE, ORONTE, CHRISALDE,
HORACE, ARNOLPHE.

ENRIQUE *à Chrisalde.*

AUssi-tost qu'à mes yeux je vous ay veu paroif-
        tre,
Quand on ne m'euft rien dit j'aurois fceu vous con-
        noiftre ;
Je vous voy tous les traits de cette aimable fœur,
Dont l'hymen autrefois m'avoit fait poffeffeur ;
Et je ferois heureux, fi la Parque cruelle
M'euft laiffé ramener cette époufe fidelle,
Pour joüir avec moy des fenfibles douceurs
De revoir tous les fiens apres nos longs malheurs :
Mais puifque du deftin la fatale puiffance
Nous prive pour jamais de fa chere prefence,
Tafchons de nous refoudre, & de nous contenter
Du feul fruit amoureux qui m'en eft pû refter,
Il vous touche de prés. Et fans voftre fuffrage
J'aurois tort de vouloir difpofer de ce gage ;
Le choix du fils d'Oronte eft glorieux de foy,
Mais il faut que ce choix vous plaife comme à moy.

CHRI-

* *Ils demeurent en un coin du theatre.*

CHRISALDE.
C'eſt de mon jugement avoir mauvaiſe eſtime,
Que douter ſi j'approuve un choix ſi legitime ;
ARNOLPHE *à Horace.*
Ouy , je vais vous ſervir de la bonne façon.
HORACE.
Gardez encor un coup....
ARNOLPHE.
N'ayez aucun ſoupçon.
ORONTE *à Arnolphe.*
Ah! que cette embraſſade eſt pleine de tendreſſe.
ARNOLPHE.
Que je ſens à vous voir une grande allegreſſe.
ORONTE.
Je ſuis icy venu...
ARNOLPHE.
Sans m'en faire recit ,
Je ſçay ce qui vous meine.
ORONTE.
On vous l'a desja dit.
ARNOLPHE.
Ouy.
ORONTE.
Tant mieux.
ARNOLPHE.
Voſtre fils à cet hymen reſiſte,
Et ſon cœur prevenu n'y voit rien que de triſte ;
Il m'a meſme prié de vous en detourner;
Et moy tout le conſeil que je vous puis donner,
C'eſt de ne pas ſouffrir que ce nœud ſe differe,
Et de faire valoir l'autorité de pere ;
Il faut avec vigueur ranger les jeunes gens,
Et nous faiſons contr'eux à leur eſtre indulgens.
HORACE.
Ah traiſtre !
CHRISALDE.
Si ſon cœur a quelque repugnance ,
D 6   Je

Je tiens qu'on ne doit pas luy faire violence ;
Mon frere, que je croy, sera de mon avis.

ARNOLPHE.

Quoy ? se laissera-t-il gouverner par son fils ?
Est-ce que vous voulez qu'un pere ait la mollesse
De ne sçavoir pas faire obeïr la jeunesse ?
Il seroit beau, vrayment, qu'on le vist aujourduy
Prendre loy de qui doit la recevoir de luy.
Non, non, c'est mon intime, & sa gloire est la
        mienne,
Sa parole est donnée, il faut qu'il la maintienne,
Qu'il fasse voir icy de fermes sentimens,
Et force de son fils tous les attachemens.

ORONTE.

C'est parler comme il faut, & dans cette alliance,
C'est moy qui vous répons de son obeïssance.

CHRISALDE *à Arnolphe.*

Je suis surpris, pour moy, du grand empressement
Que vous nous faites voir pour cet engagement,
Et ne puis deviner quel motif vous inspire...

ARNOLPHE.

Je sçay ce que je fais, & dis ce qu'il faut dire.

ORONTE.

Ouy, ouy, Seigneur Arnolphe, il est....

CHRISALDE.

                        Ce nom l'aigrit,
C'est Monsieur de la Souche, on vous l'a desja dit.

ARNOLPHE.

Il n'importe.

HORACE.

Qu'entens-je ?

ARNOLPHE *se retournant vers Horace.*

                Ouy c'est là le mystere,
Et vous pouvez juger ce que je devois faire.

HORACE.

En quel trouble....

S C E N E   VIII.

GEORGETTE, ENRIQUE, ORONTE, CHRISALDE, HORACE, ARNOLPHE.

GEORGETTE.

Monsieur, si vous n'estes auprés,
Nous aurons de la peine à retenir Agnés,
Elle veut à tous coups s'eschapper, & peut-estre
Qu'elle se pourroit bien jetter par la fenestre.

ARNOLPHE.

Faites-la-moy venir, aussi bien de ce pas
Pretens-je l'emmener, ne vous en faschez pas,
Un bonheur continu rendroit l'homme superbe,
Et chacun à son tour, comme dit le Proverbe.

HORACE.

Quels maux peuvent, ô Ciel ! égaler mes ennuis ?
Et s'est-on jamais veu dans l'abysme où je suis?

ARNOLPHE à *Oronte*.

Pressez viste le jour de la Ceremonie,
J'y prens part, & desja moy-mesme je m'en prie.

ORONTE.

C'est bien nostre dessein.

SCENE IX.

AGNES, ALAIN, GEORGETTE,
ORONTE, ENRIQUE, ARNOLPHE,
HORACE, CHRISALDE.

ARNOLPHE.

Venez, Belle, venez,
Qu'on ne sçauroit tenir, & qui vous mutinez,
Voicy vostre Galand, à qui pour recompence
Vous pouvez faire une humble & douce reve-
    rence :
Adieu, l'evenement trompe un peu vos souhaits ;
Mais tous les amoureux ne sont pas satisfaits.

AGNES.

Me laissez-vous, Horace, emmener de la sorte ?

HORACE.

Je ne sçay où j'en suis, tant ma douleur est forte.

ARNOLPHE.

Allons, causeuse, allons.

AGNES.

             Je veux rester icy.

ORONTE.

Dites-nous ce que c'est que ce mystere-cy,
Nous nous regardons tous sans le pouvoir com-
    prendre.

ARNOLPHE.

Avec plus de loisir je pourray vous l'aprendre ;
Jusqu'au revoir.

ORONTE.

          Où donc pretendez-vous aller ?
Vous ne nous parlez point, comme il nous faut par-
    ler.

ARNOLPHE.

Je vous ay conseillé malgré tout son murmure,

                   D'a-

D'achever l'hymenée.
O R O N T E.

        Ouy , mais pour le conclure,
Si l'on vous a dit tout , ne vous a-t-on pas dit
Que vous avez chez vous celle dont il s'agit ?
La fille qu'autrefois de l'aimable Angelique
Sous des liens secrets eut le Seigneur Enrique.
Sur quoy voftre difcours eftoit-il donc fondé ?
C H R I S A L D E.

Je m'eftonnois auffi de voir fon procedé.
A R N O L P H E.

Quoy? …
C H R I S A L D E.

      D'un hymen fecret ma fœur eut une fille,
Dont on cacha le fort à toute la famille.
O R O N T E.

Et qui fous de feints noms pour ne rien decouvrir ,
Par fon efpoux aux champs fut donnée à nourrir.
C H R I S A L D E.

Et dans ce temps le fort luy declarant la guerre ,
L'obligea de fortir de fa natale terre.
O R O N T E.

Et d'aller effuyer mille perils divers
Dans ces lieux feparez de nous par tant de mers.
C H R I S A L D E.

Où fes foins ont gagné ce que dans fa patrie
Avoient pû luy ravir l'impofture & l'envie.
O R O N T E.

Et de retour en France , il a cherché d'abord
Celle à qui de fa fille il confia le fort.
C H R I S A L D E.

Et cette Païfanne a dit avec franchife ,
Qu'en vos mains à quatre ans elle l'avoit remife.
O R O N T E.

Et qu'elle l'avoit fait fur voftre charité
Par un accablement d'extreme pauvreté.
C H R I-

Et luy plein de transport, & l'allegresse en l'ame
A fait jusqu'en ces lieux conduire cette femme.

ORONTE.

Et vous allez, enfin, la voir venir icy
Pour rendre aux yeux de tous ce mystere éclairci.

CHRISALDE.

Je devine à peu pres quel est vostre supplice,
Mais le sort en cela ne vous est que propice ;
Si n'estre point cocu vous semble un si grand bien,
Ne vous point marier en est le vray moyen.

ARNOLPHE *s'en allant tout transporté*
& ne pouvant parler.

Oh !

ORONTE.

D'où vient qu'il s'enfuit sans rien dire ?

HORACE.

Ah mon pere,

Vous sçaurez pleinement ce surprenant mystere.
Le hazard en ces lieux avoit executé
Ce que vostre sagesse avoit premedité.
J'estois par les doux nœuds d'une ardeur mutuelle
Engagé de parole avecque cette Belle ;
Et c'est elle en un mot que vous venez chercher,
Et pour qui mon refus a pensé vous fascher.

ENRIQUE.

Je n'en ay point douté d'abord que je l'ay veuë,
Et mon ame depuis n'a cessé d'estre esmeuë.
Ah ! ma fille, je cede à des transports si doux.

CHRISALDE.

J'en ferois de bon cœur, mon frere, autant que vous,
Mais ces lieux & cela ne s'accommodent gueres,
Allons dans la maison débrouiller ces mysteres,
Payer à nostre amy ces soins officieux,
Et rendre grace au Ciel qui fait tout pour le mieux.

FIN.